AF450996

Soumaila DIAWARA

La nostra civiltà

Poesie e Scritti

Titolo | La nostra civiltà
Autore | Soumaila DIAWARA
ISBN | 978-88-31600-88-0

Youcanprint *Self- Publishing*
Via Marco Biagi 6 - 73100 Lecce
www.youcanprint.it
info@youcanprint.it

PREFAZIONE

Di Stefano GALIENI

"Sé stessi", "sé stesso". L'universo di questa ultima raccolta di poesie e scritti di Soumaila Diawara, sembra ruotare in maniera continua, insistente, onnipresente, attorno a queste due definizioni sensoriali di identità.
A me piace immaginarle come un'ascissa e un'ordinata entro cui si contempla un universo narrativo, politico, esistenziale, affettivo dove pochi sono gli elementi fermi e stabili. Impossibile essere fermi e stabili infatti se la condizione di "rifugiato politico" è di per sé di allontanamento di spostamento lungo e complesso in cui il proprio sentire si costruisce giorno dopo giorno senza perdere le radici e senza rinunciare ad immergersi nel presente. Ma per parlare de "La nostra civiltà" senza infingimenti è opportuna, per quanto mi riguarda, una premessa.
Soumaila è per me un amico e un compagno da cui credo di avere molto da imparare. Sin dal nostro primo incontro, dalle prime basilari condivisioni fatte di accenni e riferimenti tanto al presente italiano quanto al passato e al presente di un contesto come quello del Mali, sua terra madre, di cui solo la

nostra miseria eurocentrica ci impedisce di
cogliere le potenzialità e l'energia, mi sono
sentito, personalmente, un privilegiato.
Il privilegio dettato dall'aver un amico, un
compagno di lotte che non avranno e non
potranno avere confini e limiti, di aver
incontrato una di quelle poche persone capaci
di farti perdere l'equilibrio in un attimo tra la
lievità di un verso poetico e la potenza di
quello che, per chi come me è nato nel
Novecento, è ancora messaggio politico.
E ne "La nostra civiltà" essere sé stessi, sé
stesso, è problematico, espone a dover
guardare senza preclusioni e pregiudizi,
abbandonare l'odio come risposta difensiva
senza negare la rabbia e il rifiuto verso ogni
forma di ingiustizia.
Significa guardare e guardarsi, cercare in
continuazione nel presente, nel luogo in cui si
è e nella memoria, voler entrare a pieno titolo
e senza chinare la schiena, nel mondo di chi ha
diritto di parola rivendicando per tutte e tutti,
tale diritto.
Guai a guardare con ingenuità o superficialità
le parole che Soumaila Diawara, scolpisce nei

suoi versi. Versi che non hanno, per i nostri canoni, metrica o ritmica, ma a leggerli possiedono un'armonia profonda, vitale, emanano un calore come provenissero da un vulcano sotterraneo ma si espongono allo sguardo di tutti, si schierano. Perché Soumaila è schierato, direttamente e senza ambiguità, non tentenna, non cerca il facile consenso attraverso frasi consolatorie ma scende in profondità, colpisce basso e ferisce anche, perché ferire è il compito di chi, scrivendo, ci fa risentire vivi. Lui questo mondo lo ama e lo vorrebbe cambiare, con le persone vuole crescere e poter sognare, vuole amare ed essere ricambiato, discutere e mettersi in discussione.

Fermare uomini come lui sarà impossibile, per fortuna. Anche rispetto a "Sogni di un uomo", la sua raccolta precedente, sembra aver maturato in un lasso di tempo brevissimo coscienza e consapevolezza, padronanza di una sua particolare e inconfondibile armonia linguistica e capacità di tramutarla nell'essenzialità di "ciò che va detto". Sono numerose e non a caso, a mio avviso, le poesie

brevi, nette, a loro modo cruente
nell'identificare l'obiettivo, nel segnalare
l'urgenza.

E, tornano, anche lì in chiave più forte e
percepibili, i grandi temi, tanto intimi e
personali quanto sociali e globali, senza
bisogno di linee nette di separazione.

Una madre, un padre, una sorella e i ricordi di
un paese lasciato non per scelta, un continente
intero per cui soffrire e sperare, per cui lottare
con cui lottare, il colore della pelle, la
solitudine, l'amore e le ingiustizie, il sogno di
un pianeta che può e deve essere diverso, nei
rapporti economici e politici come nelle
relazioni fra le persone.

E soprattutto negli "scritti", la parte finale
della raccolta, c'è la costruzione di un pensiero
politico forte che richiama alle grandi lotte di
liberazione di un tempo, quando ad essere
coinvolti eravamo tutte e tutti. Non un paese,
non un popolo, non un continente.

Nel parlare di lotte fatte o da fare, di vittime e
di carnefici, di oppressione e di rivolta, sembra
di sentire i versi semplici e profondi di "Nostra
patria è il mondo intero" di Pietro Gori, (1895)

proiettata in un ventunesimo secolo dove al
mercato che si è fatto religione,
all'informazione e alla vita ridotte sempre più
a merci, continua ad opporsi una volontà
testarda e collettiva di non assuefazione al
dominio, alla logica iname delle
discriminazioni.
Soumaila Diawara, parlando di "noi stessi",
"se stesso", pare invitarci a metterla in comune
questa capacità di reagire che non conosce
colore di pelle, o genere ma che sceglie di
essere voce degli ultimi e delle ultime, che
vive la non omologazione come prospettiva
sociale in grado di produrre alternativa di vita,
possibilità di raggiungere una felicità che non
si esaurisca nel consumo del presente o dei
corpi. Fa bene leggerle le sue parole, fa bene
perché ci rimandano a concetti che nessuna/o
di noi dovrebbe mai dover smarrire: amore,
ribellione, avvenire e dignità.

Roma, 2 Gennaio 2019

POSTFAZIONE

Militant A – Assalti Frontali

Soumaila Diawara l'ho conosciuto ad Ostia,
sul lungomare.
Una calda sera di luglio 2018.
Mi impressionò subito per come si presentava.
Elegante.
Deciso.
Umano.
Se ripenso al nostro primo incontro mi viene
da ridere.
Lui era venuto apposta sul litorale di Roma per
conoscere "Assalti Frontali" ma il caso fece sì
che cominciassimo a parlare prima di
presentarci, senza sapere niente l'uno dell'altro.
Era in programma il nostro concerto con
Murubutu al "Curvone".
Piazzale Magellano trasbordava di ragazzi,
signore e signori di ogni età e bambini, una
bella situazione di comunità aperta.
Erano le "quattro giornate" dei Social Days.
Ci sentivamo felici, socievoli, come sempre
prima di un concerto, ma stavamo con gli
occhi aperti.
L'anno prima i fascisti avevano fatto scritte sui
muri vicino al palco minacciando direttamente
noi e i compagni che organizzavano.

Un concerto per strada, a ingresso libero, crea un nuovo spazio pubblico, nuovi punti di riferimenti per il quartiere, e questo può dare fastidio.

A Ostia, poi, un territorio sempre in bilico tra corruzione e splendore, tra "mafia" e rinascita. Mancava poco al concerto, cenavamo su una tavolata di legno quando un ragazzo africano dai modi gentili e una ragazza bianca, molto bella, ci chiesero se i posti vicino a noi fossero liberi.

"Sì, sì, prego".

E tornammo ai nostri affari.

Il ragazzo nero si sistemò proprio davanti a me e dopo qualche minuto mi chiese: "Scusa, conosci gli assalti frontali?".

Così, a secco.

Conosci gli assalti frontali?

Me lo chiedeva proprio a me.

Non capivo che intenzioni aveva, mi tenni sul vago: "Perché ti interessano gli assalti frontali?".

"Volevo sapere se sono già arrivati".

"E perché? Ti piacciono?".

"Sì, mi piace la canzone Piazza Indipendenza,
sono venuto apposta da Roma per sentirli".
Io rimasi colpito dalla sua determinazione.
Dalla sua educazione.
E dalla sua conoscenza della materia.
Quest'uomo nero era venuto fin qui per
ascoltare "Piazza Indipendenza", un rap
censurato e oscurato da Youtube che parlava
di neri come lui.
Neri ribelli.
Doveva avere un qualcosa in più.
Doveva essere uno dei "nostri".
Lì per lì rimasi anche lusingato.
Come se "Piazza Indipendenza" avesse preso
più senso, come se l'avessi scritta anche per
incontrare lui, sette mesi dopo averla
pubblicata.
"Noi siamo gli integri, i degni, burkinabè / non
ci sono foreign fighters qui, c'è Thomas
Sankara e El Che".
Ma chi era? Da dove veniva?
"Ti piace Piazza Indipendenza?
E hai fatto un'ora di macchina per vedere gli
Assalti Frontali?".
"Sì".

"Piacere, siamo noi".
"Siete voi?... ah, ma è vero, tu sei quello che
canta nel video, adesso ti riconosco".
Così cominciò la nostra amicizia.
Facemmo le foto e Soumaila ci raccontò che
scriveva poesie.
Ecco che aveva: era un artista, un poeta,
proprio come noi, un poeta della strada, un
rivoluzionario.
Ci donò il suo libro: "Sogni di un uomo".
Quando arrivò il momento di dividerci non
volevo staccarmi con un "ciao" e via, mi
sembrava di lacerare un legame.
Non volevo sprecare questo incontro.
Allora dissi: "Soumaila, facciamo così, a metà
concerto, prima di "Piazza Indipendenza", sali
tu sul palco e leggi quello che vuoi, prenditi
uno spazio".
Io non sapevo chi fosse, né cosa scriveva.
L'avrei scoperto in diretta.
Mi aveva conquistato.
Al momento stabilito fermai la musica e dissi:
"Ogni giorno dobbiamo ascoltare un ministro
dell'interno che ci riempie la testa di cazzate
razziste, non avete voglia di ascoltare un poeta

della strada, un poeta nero, un poeta
sconosciuto:
Soumaila Diawara?"
"Avoja!" risposero tutti.
Soumaila salì sul palco e andò dritto alla meta:
il cuore del pubblico.
Lesse: "Gli stati criminali".
Con voce profonda. Calma. Africana.
E tutti ascoltarono in silenzio.
"Ogni Stato che induce la propria popolazione
a sentirsi superiore ai migranti, o col diritto di
prevalere su altri esseri umani, è uno Stato
assassino...".
Soumaila usava parole taglienti.
E delicate.
Ricordava a tutti cose che forse avevamo
dimenticato.
Dopo Ostia lo chiamai ad altri concerti.
E lui mi stupiva: spiazzava tutti.
A Parco Schuster davanti a migliaia di persone
lesse: "Dovrei essere indotto a dirlo".
Indotto a dire cosa?
Parole di fuoco contro Salvini?
In quel contesto avrebbe guadagnato consensi
immediati.

Lesse invece un testo difficile, senza slogan.
"Potrei essere nero, ma resto uomo…
io faccio parte di quelli che non vogliono che i
loro figli siano destinati alla guerra"
Pochi mesi dopo ecco il nuovo libro:
"La nostra civiltà".
Una carica impetuosa di saggezza africana.
Le pagine corrono via una dietro l'altra, come
perle di una collana, ognuna un soffio di
umanità, di felicità, di crudeltà: "Sono uno di
quelli là", scrive "intrappolato in fondo al
pozzo, e che pian piano fa passare tutti sulle
sue spalle per guadagnare l'uscita... faccio
parte di quelli che rimangono per ultimo, non
di quelli che si girano".
Soumaila è ispirato, è lontano dalla sua terra,
ma la sua terra è il mondo intero.
E commuove.
Se un libro di poesie si giudica dal vento di
vitalità che produce, dalla capacità di far
immedesimare il lettore, da quante parole
restano impigliate nella mente una volta
chiuso, "La nostra civiltà" colpisce nel segno.

Soumaila vive una condizione di sofferenza,
ma la sofferenza è creativa, si trasforma in arte
e il dolore si fa più lieve.
Ecco i sorrisi, la mamma, il papà, la sorella,
i malati in ospedale, la morte arbitraria.
Il giorno in cui... "decisi di essere me stesso".
Soumaila chi sei tu?
Da dove vieni?
Dal Mali.
Dalla guerra.
In Mali c'è l'esercito francese e l'esercito
islamico, le miniere di uranio, e il 50% della
liquidità del paese nelle casse della banca
centrale francese.
C'è il colonialismo del 2019.
E se in Italia le mamme dicono ai loro
bambini: "Se non fai il bravo l'uomo nero ti
porta via un anno intero".
In Mali le mamme ribattono: "Se non fai il
bravo ti lascio in un gommone con l'uomo
bianco".
Grazie Soumaila per queste poesie.
Grazie fratello.
L'Italia è di chi la abita, di chi la fa vivere,
e dunque è anche la tua terra.

Tu sei più italiano di tanti italiani.
Grazie per le tue parole:
"Non si tratta di far capire agli italiani il
concetto di umanità rispetto ai migranti,
ma di aiutare gli italiani a sentirsi uomini".

Roma, 15 dicembre 2018

**Alla memoria di tutte le vittime
dell'immigrazione e di violenza di genere.**

POESIE

La Proclamata

Le persone dovrebbero sapere
che l'uguaglianza tanto proclamata
è teoricamente in diritti e in libertà.
Simile non è uguale.
Ma non si tratta di un fatto
di definizione,
nemmeno di comprendonio.
Semplicemente, le persone vuote,
nel loro tentativo di uguaglianza
con gli altri, tentano di svuotare
i loro simili.
Placidamente, metodicamente, senza l'intento
di pareggiare, ma di privare.
Pensavo agli amici
che sanno tanto di te.
Un tanto che diventa troppo
quando si svelano.
Pensavo agli amici
che non lo sono più.
Amicizie che tornano
sotto forma di frecce,
di missili e di bombe.
Pensavo a quelle persone
che allegramente calpestano

la fiducia altra nel nome
della loro verità.
Quando si è poco,
non si diventa tanto
col tentativo di ridurre gli altri,
di ridimensionarli, di deriderli.
L'amicizia può finire,
ma non può svelare delle belve
da ammansire troppo a lungo
quando finisce.
Sognate, abbracciate, uscite,
scopate, ridete, siate.
Così, il riflesso che avrete della vostra vita
non sarà altro che quel che farete in essa.

La nostra ombra

Persino la nostra ombra
ci rende simili.
È il buio dentro di noi
a far differenza.
Perciò, siate luce per l'oscurità altrui.
E non tenebre.

A causa di...

Così le persone comuni
giustificano i loro fallimenti
scaricando addosso
ad altri le colpe
delle loro mancanze.
Fioriscono le giustificazioni
quando si inaridiscono i cuori.
Le aspre realtà odierne
portano a frustrazioni intime
che si manifestano troppo spesso
in rabbie represse
che covano troppo a lungo nel cuore.
Così rendendolo a sua volta
aspro nei confronti del resto.
Il fallimento percepito di sé stessi
porta irrimediabilmente all'odio.
Quando non si ama più sé stessi,
non si ama più il mondo,
nemmeno i propri simili.
A causa di...
Le cause possono essere infinite,
siamo colpa e soluzione,
accusare ci rende vili e vigliacchi.

Vorrei dirvi

A volte vorrei dirvi dell'amore.
Ma sarebbe come descrivere
un sentore, raccontare di un odore.
Ci sono colori ovunque,
sono un quadro magnifico,
Picasso lo sapeva.
Ha catturato parti di ciò che già esiste
e li ha messi su tela.
È un sentimento che non preclude
ma irrompe in una via infinita,
quella degli altri.
L'amore, quello vero,
è come un carcere, una prigione
dove non manca nulla,
ma pur sempre con delle sbarre.
E le chiavi, nelle vostre tasche.
Vorrei dirvi dell'amore,
posso solo augurarmi
che vi possa capitare.
Un saluto alle belle anime.

Il dottore

Il dottore dice che dovrei smettere
di bere e di fumare.
Ne va della mia vita, asserisce.
Ciò che il dottore non sa
è che lontano da mia madre
e dai miei fratelli,
non c'è antidoto né filtri.
Li penso con diversi sentimenti.
Sono l'illuminazione
di cui la mia esistenza ha bisogno,
la luce che può dissipare il mio buio.
Non ho confini,
ho scavalcato le frontiere.
Si può andare ovunque,
raggiungere qualunque méta,
ma non si va oltre il cuore.
Le ali che fanno arrivare
ovunque l'amore,
sono quei cari
che portiamo nei cuori.
Ci fanno volare oltre il tutto,
malgrado il tempo, gli altri,
o anche noi stessi.

Domani

In un domani, molto prossimo,
come vi tratterranno coloro
che schiacciate, rifiutate,
disonorate e disprezzate?
Nel futuro, come si comporteranno
i figli di coloro che avete represso
con voi, i vostri figli?
Come reagiranno i figli, le mogli,
i discendenti di coloro
che avete lasciato morire nel mare
con i vostri discendenti?
Non è l'oggi il discorso ma il domani.
Cosa succederà tra i vostri figli
ed i figli di quelli che avete
lasciato morire di fame?
Avete creato un mondo di barriere,
avete inventato la nazione ed il cannone,
ma non avete inventato l'uomo.
L'uomo ricorda.
Un mondo sicuro lo è per tutti
o per nessuno.
Non comprendo perché condannate

i vostri figli ad una vita di esilio.
Anche se in casa propria.
Giriamo in piazze zeppe di militari,
ansiosi ed angosciati dai rischi di attentati,
il mondo diventa sempre più violento
ed i confini si restringono sempre di più.
Non vedete che la politica dell'economia
porta a distruzione
e compromette la felicità
di coloro che amiamo?
Cosa ne sarà dei vostri figli
in mezzo a figli menomati?

Una bella storia

È una storia bella.
Quella di un fratello.
Sapete, i fratelli non si scelgono.
Noi sì.
Eravamo a piazza Vittorio (Roma).
Tutti e due afflitti e tristi.
Seduti non lontani, lo sguardo di entrambi
perso nel vuoto,
gli occhi luccicanti,
il cuore in pena.
Io credo che in quel momento
non vedessimo nessuno.
Fu per ciò che ci vedemmo.
Due persone sole
si ritrovano nella solitudine.
Noi eravamo lì insieme,
in quel posto lontano,
accanto alla tristezza.
Cominciammo a parlare e da allora,
non abbiamo mai più smesso. .
Ne abbiamo passate tante, troppe.
L'amore ci ha allontanati,
e sempre riportarti insieme in quel cammino
che abbiamo scelto in comune.

Sono passati 4 anni.
Lontani da casa nostra,
ma in famiglia in un paese lontano.

Mia Famiglia

Mia sorella sta crescendo e mia madre
sta invecchiando.
Mia sorella è qui, mia madre lì.
Il mio cuore, a metà.
Mentre mia sorella sta diventando
una donna meravigliosa e stupenda,
mia madre, sole eterno, si affievolisce.
Le sue gambe, quelle
che hanno sopportato il mio peso
prima che camminassi, diventano flebili,
ma il suo bastone, io, troppo lontano.
I miei pensieri mi portano altrove
anche se il mio corpo rimane ancorato
in questi banali
e scoccianti obblighi
e doveri di una società paradossale.
Io vivo in Italia,
ma esisto in quelli che amo.
Avevo tanti progetti, tanti sogni,
tante illusioni.
Il fine di un uomo è di fare l'uomo.
Come tutti, nasco da una donna,
ospite per mesi nel suo grembo,
affidato a lei in un percorso

che fatalmente scopri
che non ha termine.
La madre, per il figlio,
rimane sempre madre.
Sono giorni che penso a lei.
A loro.
Sotto mia madre, sorridente,
c'è l'ombra dei miei fratelli, tutti.
Per amore, per dovere, sarò lì sotto
di lei, le braccia tese, a tenere diritto
fino alla fine ciò che per me
è principio di vita e di amore.

Volevo dirvi

Volevo dirvi che la salute è essenziale.
C'è gente negli ospedali,
non colpevoli, condannati o obbligati
nell'arena a combattere
per la propria vita.
Sono persone che non sanno più
cosa voglia dire la carriera,
non sanno più il significato del lavoro,
manco il cibo buono.
Volevo ricordarvi che c'è gente
negli ospedali
malati dei rifiuti della nostra società.
Uomini e Donne che vogliono
una sola cosa: vivere.
Volevo ricordarvelo, affinché capiate che
chi ha la chance di poter reagire
è fortunato e deve.
Chi può alzarsi, camminare, fare,
deve rendersi conto di tale immensità.
Ci sono persone in quei grigi ambienti dove
a prevalere è l'odore del disinfettante.
E sono persone che sognano il mare.
Pensano al cielo.
Cercano tra le nuvole una schiarita

per un futuro.
Sono uomini e donne completi
a cui la speranza è l'unica rimasta,
l'amore, l'unica ragione.
E siamo noi quella ragione
per cui combattono, siamo noi
il principio della loro lotta, siamo noi
quella parte buona dell'esistenza
per cui ambiscono.
Andate in ospedale a trovare chi
è da solo e lotta per tutti.
Mi auguro che abbiate
la metà della loro forza,
e che diate loro
quella metà migliore di voi stessi.

Dove vivo

Qui dove vivo i proiettili non volano.
La terra non trema
ed i venti non radono il tutto.
Qui, in questo paese dove abito,
la fame è ignota, la povertà si studia
e la guerra è storia.
Vivo in una terra dove le scarpe
non sono un lusso
e le vesti si scelgono.
Ma vivo su una terra che vede
la fame divampare, le donne calpestate,
i bambini sfruttati, i poveri dimenticati.
In un mondo che non riguarda
solo la mia casa, ma la mia gente.
Per ogni palestinese.
Per ogni omosessuale.
Per ogni uomo rinnegato
da altri uomini.
Per ogni italiano calpestato
nella propria dignità, per ogni abuso
o ingiustizia che danneggi vite,
per ogni malato lasciato a morire
o ogni pasto che non c'è.
Per ognuna di queste,

ci sono parti mancanti di noi,
rifugiati nella normalità
per contrastare la paura.
Io vivo in un paese
che basta a sé stesso,
ma non in un mondo tale.

L'uomo con l'uomo

Sovente, coloro che guardano
al mondo come un contenitore
da cui solo attingere,
hanno perso pezzi di loro stessi
nel corso della loro storia.
Parti mancanti che li rendono incompleti
e predatori nei confronti dei propri simili.
È ovvio che chi proclama
la propria superiorità
ha un senso di inferiorità.
Tuttavia, i propri pozzi intimi
non si colmano scavando in altri.
Gli esseri umani non sono montagne
da cui estrarre ricchezze.
Il più grande giacimento è l'umanità.
Ma sfruttarlo è estinguerlo.
L'uomo è l'unica soluzione all'uomo,
dell'uomo, con l'uomo.

Avete mai visto

Avete mai visto un uomo a quattro zampe?
Ringhiare e minacciare un cane in risposta
alla sua aggressività?
Ecco perché spesso non rispondo
a certe persone
e mi viene da allungare una mano
per una carezza in testa.

Ci sono

Ci sono i parenti, ci sono gli amici,
ci sono anche gli animali e le piante.
Ma pure le stelle.
C'è la vita.
A volte nascosta.
Celata e sfuggente,
come il riccio di mare,
che mostra al mondo le sue dure spine
per nascondere un cuore tenero.
Ci sono le comete;
che per un momento nascondono
l'eterna bellezza delle stelle.
In una scia che dura il tempo
della luminescenza.
C'è anche il tempo.
Differente per chi ha fame
o chi si annoia.
Per chi ama o chi odia.
Quel tempo che per tutti
ha un termine.
Ci sono anch'io.
In mezzo a tutto questo.
Un granello di sabbia
su una spiaggia infinita.

Una goccia nella pioggia battente.
Solo che col pensiero di te,
io mi sento montagna
che domina il mare.
Marea che ricopre i monti.
C'è immensità lì fuori,
ma con te nel mio cuore,
c'è completezza.
E ciò mette assieme l'universo.

Era una sensazione strana

Come quando una nuvola ti sfiora
la pelle e te la lascia umida
di una sostanza fatta di emozioni
che si fissano sottopelle
e lì rimangono, in un circolo
di sensazioni caleidoscopiche.
Eravamo due, ma valevamo mille.
Il nostro sguardo,
poiché si trattava di una sola vista,
guardava in noi, ci esploravamo a vicenda,
eravamo pionieri delle nostre anime.
Quando lei pensava no,
io pensavo sì e viceversa.
E così ci completavamo
senza accorgercene.
In quella discordanza
che crea la nota perfetta.
Era notte.
Ma per noi era eternità.
Le nostre mani, spinte dal cuore,
si erano cercate ed unite.
In realtà, erano lontane, in verità
e semplicemente, ci sentivamo.
Era curiosa l'emozione che destava,

invadente, permanente,
come un orgasmo senza fine.
Ci bastavamo.
Eravamo completi.
E non sono sufficienti
nove vite per esserlo.
Senza soldi, senza futuro,
senza speranza,
ma non mi mancava nulla.
Saremmo dovuti essere monocromatici.
Io nero, lei bianca,
ma eravamo arcobaleno.
La cui luce andava
oltre le persiane
e si diffondeva nel lontano.

La Società

È una società così magnanima
da abolire anche la pena di morte
per chi uccide i propri simili,
ma così egoista da lasciare
alla propria sorte chi nasce altrove,
diverso, e privo di colpe.

Non sono razzista

Io non sono razzista, ma...
Io ho rubato, ma...
Io ho assassinato, ma...
Io ho sbagliato, ma...
Si chiama ammissione
di colpevolezza dei vigliacchi.
Di quelli né pesce né carne,
senza gran comprendonio
ma pronti a difendere ideologie
che nemmeno capiscono.
Permettetemi signori, ma quel "ma"
vi rende striscianti, rampanti,
come banali vermi
in una vasca troppo piccola.
Quel "ma" fa di voi il cancro
della società, poiché
non siete nemmeno in grado
di avere un'opinione fissa.
La verità brucia... ma....

Tarda Serata

Era una tarda sera d'autunno.
Uno di quei momenti in cui il sole stenta
a rientrare e ruba spazio alla luna rendendo
il mondo attorno un riflesso di rame.
C'era un sentiero.
Nascosto sotto le foglie,
ma visibile abbastanza da essere preso.
Si inoltrava tra gli alberi e spariva
per poi riapparire dietro
un tronco marcio caduto,
o sotto un cumulo di foglie
messe lì dal vento.
Quel vento che sfiorava gli alberi
e li rendeva loquaci in un fruscìo continuo.
Non c'erano profumi nell'aria
ma un unico sentore.
Pungente, acuto ed inebriante.
Il sentiero a volte si perdeva
in un cumulo, un angolo
o nell'immaginario.
Ma poi, eccola l'erba più corta
e meno verde i fiori fuori pista
che pigramente pendevano
da un lato o un altro.

C'era.
La strada, c'era sempre.

Ho sempre avuto tanti piani in vita mia

Molti di essi, ancora da realizzare,
molti altri, accostati l'uno sull'altro,
come vecchi libri
abbandonati in una cantina.
La propria vita può essere
un palazzo infinito
che si perde nelle nuvole del cielo.
Ma quel primo piano che regge
tutti gli altri,
quel piano che ricongiunge
la terra e lo spazio,
che prende la forza dalla terra
per proiettarla nei cieli.
Per me,
e quelli come me, quel piano,
è la mamma.
Non può mancare,
altrimenti non c'è più nulla.
A tutte le mamme del mondo.

Le anime tra di loro parlano

Sai, le anime tra di loro parlano.
Bisogna accostare l'orecchio
con delicatezza sui veli dell'intimo,
obliare il suono delle voci,
ed imparare l'atavica lingua dei sensi.
Le parole possono spiegare tutto,
ma le lingue, tutte, sono diverse.
Diverse le pelli, gli usi ed anche i culti.
Ma uguali i cuori e le emozioni.
Medesime le sensazioni ed i desideri.
Il cuore malato di un uomo
non si sostituisce
con quello di una scimmia.
Bensì di un altro uomo.
Qualunque altro uomo.
Sai, le anime tra di loro si capiscono.
Vanno oltre le cortine sociali
o ideologiche e si raggiungono
in un luogo magico
dove c'è pace e bellezza.
L'anima non ha velleità, la sua casa
è il nostro corpo, non ha armi,
accogliere i suoi simili
è l'unico desiderio che prova,

quando quel simile
porta con sé pace ed amore.

Non so stare da solo

Io non so stare da solo.
Sarò pure egoista.
Ma il pensiero di te
non è altro che siero di vita per me.

Nel mio pensiero

Alcune persone restano nel pensiero.
Qualcuna, raramente, nel cuore.
Lei era lì.
In quel crocevia dell'anima.
Laddove l'intimità svela la solitudine.
Era lì.
Annidata e sorridente.
Perciò preferisco rimanere in me.
Dove c'è sempre lei.

Il fatto

Il fatto è che quando vali...
non hai più rivali.
Semmai, solo simili.

Non è un segreto

Non è un segreto, non so se sia bello
o meno, ma la realtà dei fatti
è questa; amo mia madre
ancor di più nei momenti di difficoltà.
In realtà, mi appare il suo viso,
si fa sentire il suo odore,
percepisco la sua voce.
Lei dice che andrà tutto bene.
Non mente, ci crede
ed è questa la mia condanna.
Lei asserisce di avermi partorito
migliaia di volte,
ma io sento ancora il cordone.
Mia madre.
Lei dice che le manco,
ma dice anche che sono strano
e tanto bello.
Io credo a mia madre.
Tranne quando dice
che andrà tutto bene.
Lei non conosce il male,
non sa dove possa arrivare,
non immagina cosa sia la cattiveria,
vive degli altri, per gli altri.

Ricordo ancora di quella volta quando
da bambino si rifiutò di comprarci
i gelati perché
c'erano tanti bambini poveri attorno
senza alcuna possibilità di assaggiarli.
Lo stesso capitò con la coca cola,
ma anche con la PlayStation.
Laddove non ci sono possibilità,
bisogna evitare di suscitare invidia.
Io penso a mia madre.
Spesso, ma non tanto.
Al riparo, poiché l'emozione
e la mancanza di lei rendono
il mio viso teatro di pioggia.
È bello avere una madre.
Ti fa comprendere che tutti
ne hanno una e dunque sono umani. .
Ho tanti progetti.
Forse troppi.
Ma il primo e l'ultimo,
è tornare da lei.

Quel posto

Lì, sepolto in noi,
nel lontano dell'anima,
dove non esistono né tempi né forme.
Quell'oasi dell'intimo
che è il rifugio ultimo
in cui trovare pace
quando tutto il resto è caos.
Io, lì dentro, ti trovo sempre.
Irrispettosa del mio privato,
immagine sulle pareti della mia anima,
suono nel profondo del mio cuore.
Lì. Laddove
non dovrebbe stare nessuno,
abiti tu.
Abusiva autorizzata,
in quell'angolo buio e freddo,
che con te è caldo e luce.
Quando mi rifugio in me stesso,
lì, trovo te.
E non voglio più uscirne.

Sono concetti

Non faccio parte di quelli
che si uniscono nel bene o nel male.
Sono concetti.
Quelli come me, semplicemente,
credono che paradiso, purgatorio ed inferno,
dipendono dagli altri.
Le sorti di uomini liberi,
finiscono nei porti di uomini chiusi.
Da una parte e dall'altra, solo uomini,
ma tanta falsità.
Non faccio parte di quelli che hanno.
Possedere oggi equivale ad un crimine,
il valore proprio,
si dimostra nel benessere degli altri.
Sono di quelli che sono.
Che vanno oltre i propri valori
e culti acquisiti per puntare
ad un organo universale: il cuore.
Di quelli che guardano ai propri simili oltre
le vesti e le capacità personali
e le competenze date.
E quelli come me, non hanno eserciti
né ville, si accompagnano
di tanti battiti di cuori,

vivono di emozioni strappate,
di sorrisi celati, di solitudini mondane.

La possibilità

Non si tratta di possibilità,
poiché esse sono ripartite
in modo diverso tra gli esseri umani,
è ovvietà considerare la diversità
come ricchezza,
e noi stessi potremo diventare
re e regine.
Soltanto quando avremo dato scettro
e corona a tutto il resto dell'umanità.
Nel nostro implicito pensiero,
è contenuta la rivalsa
ed è un pensiero sbagliato
per un essere vivente.
Ma in quella rivalsa,
c'è tanto bene per noi,
quello stesso bene
che fa difetto a molti altri,
quel che bramiamo
è il riflesso
di ogni altro essere vivente.
Il valore ha distorto i valori.
Ma resta il volere.
E può fare la differenza.

Pare che tutti abbiano sogni

Pare che tutti abbiano sogni.
Sogni nati da realtà,
da assenze, da mancanze.
Tuttavia, chi realizza il proprio sogno
è come un granello
di sabbia sulla spiaggia.
Insignificante nel panorama globale.
Pare essere una luce
nella galassia oscura,
risplende e lascia che i propri raggi
riscaldino le speranze altrui.
La verità è che tutti i sogni
vanno realizzati.
Quando non sono a discapito
di altre vite, o del pianeta.
Guardate i bambini.
Mi chiedo spesso quale sia il fato
che decida per loro.
Chi avrà e chi non avrà,
chi potrà e chi no.
Guardo i bambini nella loro complessità
e nelle loro differenze,
e si vede equilibrio, pur senza logica.

L'angolo della strada

Non sono uno di quelli
che si incontrano per caso
all'angolo della strada.
Gente come me, è più comune trovarla
nei bui angoli di anime in pena.
O nei meandri di cuori infranti.
Non mi si trova al bar,
ma dentro le parole, nell'ascolto,
semplicemente accanto.
Ed accanto, non è al telefono,
non è nemmeno accanto, è insieme.
In realtà, non faccio parte
della gente che si cerca,
ma di quella che si trova.
Poiché valori e voleri vanno di pari,
mi sono spogliato, e ho trovato voi.
In fondo a quella carne,
nel labirinto dove si nasconde il cuore,
nel folto della bugia.
Sono uno di quelli
che si incontrano nell'orrore,
nella crudeltà.
Perché quelli come me
non hanno strada

che non siano gli altri.
Ed in quel cammino, sono soli,
ma non lasciano nessuno solo.
Sono uno di quelli là,
intrappolato in fondo ad un pozzo.
E che pian piano, fa passare tutti
sulle sue spalle
per guadagnare l'uscita.
Faccio parte di quelli
che rimangono per ultimo,
non di quelli che si girano.

Epoca Strana

È un'epoca strana.
Dove c'è quasi tutto,
ma pressoché niente.
È un mondo in cui la speranza
vince sulla realtà.
A molti, basta Dio.
Ad altri, il denaro.
Le persone ripongono su altro, od altri,
la realizzazione della loro felicità,
sono in attesa.
In questo modo, la religione o l'amore
perdono la loro purezza,
e stando in noi,
diventano riflessi personali
di angosce e paure interiori.
Ho riflettuto sull'amore e la fede,
dove deporsi, offrirsi,
pare essere la prassi.
Poi ho pensato a noi due,
ed in quell'opporsi,
c'è la conferma di due metà perfette.
Per quelli come me, Dio è come il sole,
e l'uomo come la luna;
non si incontreranno mai.

Io ho visto il sole e la luna
nei suoi occhi.
Su questa stessa terra,
ho vissuto la totale assenza
del desiderio.
C'era lei.
E c'era tutto.
Dio ed i suoi diavoli.
Gli angeli e gli elfi.
L'amore, semplicemente,
toglie la credenza e riporta la vita.

Vie diverse

Coloro che si ritrovano
non si erano mai persi.
Semplicemente,
avevano preso vie diverse.
Che portano alla stessa casa.

Un po' di sesso all'amore

Sono millenni che dicono
che l'amore salverà il mondo.
E persistono a dire lo stesso.
Aggiungete un po' di sesso all'amore
e capirete meglio
il messaggio degli avi.

Il Sorriso

Mi capita spesso di sorridere
per quelli che non lo sanno più fare.
È stupido, infantile, anche puerile,
ma è giusto.
Non sorrido per, ma con.
Con chi è malato.
Chi è solo.
Chi non crede più, chi non sente più,
chi non vede niente.
Ho perso il sorriso più di una volta;
l'ho cercato nello spazio
dove si nasconde Dio,
in cuori puri e no,
l'ho cercato oltre i miei ed i deserti,
l'ho cercato per ritrovare me stesso.
Esso, semplicemente
stava tra le labbra.
Lì si nasconde, spesso serrato,
spesso celato, spesso dimenticato,
ma il sorriso abita nella bocca,
nasce dal cuore, passa per l'anima.
Il sorriso è come un faro per l'umanità;
porta amore con sé,
speranza e comprensione.

Mi capita di sorridere non per me,
ma le emozioni che desta tornano
come un boomerang e danno alla vita
quel sapore inconfondibile
ed unico di amore.

Quando ci si abitua troppo al male

Pur col sorriso,
il male, diventando normalità,
si adagia in noi, si abitua a noi.
È amore dividere il dolore degli altri
è sadismo viverlo in eterno.
Siate con chi soffre e siate con chi ama.
Chi piange e chi ride.
Chi si fa abbracciare e chi abbraccia.

Continuerò

Sì che continuerò a mangiare
e a dormire,
altrettanto farò con le mie abitudini.
Dal cinema alle passeggiate.
Certo che continuerò a lavorare
a pescare e a gioire.
Non finirà niente, continuerà il tutto.
Ma senza di te, quel tutto è come guardare me
stesso in TV.
In una triste replica di Via col Vento.

Hanno la storia

Hanno la storia dalla loro parte.
Dicono di avere anche la saggezza
e la logica.
Hanno gli aerei ed i camion,
anche i trattori e le industrie.
Hanno il potere.
Acquisito con la crudeltà, l'inganno,
il furto e la menzogna,
ma tuttavia consolidato con il terrore.
Hanno le bombe,
quando non bastano le parole.
Hanno svuotato il mio continente,
mandando i suoi uomini migliori
in altri continenti
per arricchire loro stessi.
Svuotato di uomini,
lo hanno svuotato di pietre preziose, oro,
diamante e petrolio.
Con grande destrezza ed ipocrisia,
hanno deciso la democrazia
non a casa loro ma a casa nostra creando
la rete di corruzione
che ne caratterizza la civiltà.
Sono un popolo asservito.

Hanno ruoli e posizioni che prendono
il posto di anima e cuore.
Loro sono giusti, in cambio
della corrotta civiltà,
paghiamo in sangue e denaro.
Il colmo, denaro prodotto
da loro e venduto a noi.
Sono così magnanimi da lasciare
il continente più ricco del mondo
morire di fame
con i suoi figli al suo interno.
I suoi figli, a cui sono oramai vietati
i porti, ma non alle merci,
per cui allestiscono anche aeroporti.
Loro sono saggi, così dicono,
agiscono per un'umanità migliore,
ma chiaramente, attraverso
le loro gesta ed atti,
si considerano migliori.

Forse troppo spesso

Spesso.
Forse troppo spesso.
Tutto l'amore che si dà,
è per quello non ricevuto.
Non meno sovente, l'odio dato
è pari all'amore non goduto.
Dicono che Dio veglia su di noi
e che lo Stato ci protegge.
Quelli come me, guardano
ai loro simili come l'un l'altro.
Angeli e demoni.
Quelli come me guardano ai cuori
e non ai colori, ai puri e non ai danari.
L'amore, credono quelli come me
è la soluzione.
Senza alcuna finzione di umanità,
né culti di sé stessi,
così come si ama il bene di sé stessi,
così come ci si vorrebbe sentire, liberi,
da valori e regole che dividono
ancor di più gli esseri umani
in classi sociali e ruoli premiati.
Bisogna amare per salvare.

Il dovere è parte delle sbarre,
il cuore ne è la chiave.

L'uomo nero

Quando arrivai in Europa
Fui terribilmente scioccato
dallo scoprire che per mettere
in riga i bambini,
gli si prospettava l'uomo nero
che li avrebbe portati via per un anno.
Mi pareva essere
una crudele aberrazione del destino
che già non ci era stato clemente da secoli.
Non solo, ci avevano tolto la libertà,
le nostre terre, la nostra autonomia,
trasformandoci dal popolo orgoglioso
che eravamo agli ultimi del pianeta
pur avendo la terra più ricca.
Ora pensavo,
insegnavano anche ai loro bimbi
a temerci.
Ma fu quando tornai in Africa,
parecchi anni dopo,
che ebbi quasi un infarto
nello scoprire che
per tenere i bambini a bada,
gli si diceva che
li avrebbero lasciati

su un gommone al mare
alla merce dell'uomo bianco...
E che non sarebbero mai tornati.

Chi ha detto?

Nessuno ha detto
che l'Italia è razzista.
Semplicemente,
affermiamo che la giustizia è una.
E vale per tutti.
Così fanno nei paesi del Nord.
Bianco o nero, chi delinque paga.
Ciò che osserviamo in Italia è diverso.
Pare che le colpe
siano in base alla provenienza.
Chi nasce qui,
sembra abbia diritto a delinquere,
ma chi ci viene, no.
Quando è lo Stato a mancare,
non pareggia a far venire meno
le nostre coscienze.
Bianchi o neri,
abbiamo tutti paura di morire,
temiamo tutti per il nostro essere,
ambiamo ad un mondo pacifico.

Capacità diversa

Non si tratta
di un futuro migliore per voi,
ma di voi che migliorate
per un futuro assieme.
Diventare ciò che gli altri non sono
non è dimostrazione
di valore personale
ma di capacità diverse.
Essere migliori in un mondo peggiore
è come essere buio nell'oscurità.

Potrà sembrare crudele

Insensato, forse avventato,
ma il fatto è che non rimpiango uno di voi.
Senza nulla togliere all'importanza dell'essere,
al senso dell'umanità,
alla ricchezza dell'incontro,
ma l'universo compensa sempre.
Se voi non ci foste stati,
ci sarebbero stati i fiori.
O magari i monti.
Io sono ed in base a quel sentimento,
considero chi è, chi è stato,
ma il futuro esclude i pesi del passato.
Riconoscenza dicono,
ma l'amore riconosce l'altro, tutto qui.
Tutto ciò che avete fatto,
quando è oggetto di vanto è perso.
Quando invece nasce
da un sentimento nobile, è vita.
Fermi sul passato è come star sulla soglia,
i ricordi non devono aiutare
il presente, ma fargli da corredo.
Non rimpiango uno di voi.
Che siate stati angeli, o demoni.
Vi ricordo, ma non vi rivoglio.

Non si può contare per quanto si è fatto
o per chi si è.
Si vale per ciò che si fa.

La mia verità

La verità è che se dovessi essere
quel che sono,
se dovessi vivere quel che sento,
se dovessi ascoltare
il mio cuore e la mia anima,
voi mi fareste a pezzi.
Amo l'amore ma ne temo il dolore.
Ho vissuto di voi ed in voi l'orrore.
Per onore a volte
per cuore o per pudore.
Come andare in guerra
con in mano dei semi.
Se dovessi essere me stesso,
sarei il concime delle piante.
Anziché curarmi di esse.
Ci sono difese, intime, personali,
che paiono offese, pubbliche o private.
Ma è paura, le ferite, dolgono sempre,
quando batte il cuore.
a volte c'è neve fuori, tanta, o canicola,
ma ci sono anche loro,
più temibili di chiunque i miei simili.
I terremoti squarciano le case,
noi spezziamo le vite.

Io vorrei essere me stesso.
Ma sarebbe come diventare
un cubo di ghiaccio
nel deserto a mezzogiorno.

Mi pare logico

A me, pare logico
togliere la cittadinanza agli italiani
nati all'estero e mai arrivati in Italia
piuttosto che di negarla
a chi vi è nato e cresciuto.
L'Italia è fatta da chi la popola.
Vi sono persone di ogni colore
che vi lavorano,
facenti parte di un sistema
e compienti ai loro doveri.
Vi sono persone
che raccolgono la carta a terra
pur non essendo nati su quella terra,
gente che è attenta a non peggiorare
lo schifo che l'umanità ha creato,
persone che operano non verso di loro,
ma nella direzione giusta.
E chi tratta bene la terra
ed i suoi abitanti,
non va considerato straniero
da nessuna parte.

A volte

A volte siete così tristi
con voi stessi
che pure quando cercate
di sembrare gioiosi
siete grossolani.
Vi descrivete cristalli
ma vivete sopra la merda.
I vostri difetti e le vostre mancanze
non sono colpa altrui.
Semplicemente,
il verme non diventa drago.
Tuttavia, un cuore onesto,
fa sentire sensazioni diverse.

"Delusi" o "illusi".

Ha deciso

La società ha detto
che le donne possono mettere i pantaloni.
La società ha deciso.
Così sia.
La società ha anche deciso
chi dovete essere.
O chi dovete emulare.
In affanno costante
alla ricerca del raggiungimento
di una posizione dove c'è l'illusione
di dominare,
molti, quasi tutti, perdono sé stessi.
Il deserto dell'anima è vasto,
arido ed infinito.
Negli altri, individuiamo delle oasi,
non illusioni, ma sporadici sovrapposti
di anime altrui che rappresentano salvezza.
Ma il viaggio non si ferma negli altri,
prosegue, non ci si può adagiare oltre sé stessi.
Ci sono delle persone deboli,
che confidano in quei posti di salvezza
in mezzo al deserto, che si abbandonano
rinunciando al viaggio.
Esse aspettano di essere portate

al termine, da altri.
Ci sono anche delle persone forti,
che quando incontriamo,
sembrano foresta in mezzo al deserto,
e cerchiamo di nasconderci in loro,
abbandonando noi stessi
nel poco valore che ci siamo dati.
Ogni incontro è una ricchezza,
ma ogni viaggio riprende prima o poi.
Le soste sono fondamentali,
e trovare il luogo, l'uomo giusto
è essenziale per la sopravvivenza.
Per ciò, quando sostate in altri,
camminateci accanto e non in braccio.

L'onestà

L'onesta con sé stessi
costringe alla solitudine dagli altri.
L'Amore invece,
partendo da sé stessi,
mette tutti insieme.

È indubbio

Che le promesse sono pari alle attese.
Non vi sono illusioni in esse.
Ma semplicemente, sono una strada indicata
in un districo di sentieri.
Chi promette, va verso una direzione,
ed attende, di arrivare a destinazione.
Ci vuole determinazione,
forza e coraggio.
Le strade, spesso,
sembrano non aver fine.
A volte, sono troppo brevi,
così brevi che arriva ancora l'eco
di dov'eravamo prima.
Le promesse, quando non attese, sono offese.
Intese col nulla.
Dall'altra parte del cammino,
non c'è niente.
Si promette a sé stessi,
ma si realizza per altri.
Amo le promesse, dolci bugie che paiono
foglie d'autunno che si staccano dai rami.
Esse una volta a terra,
faranno da concime.
Poi, torneranno le foglie sull'albero.

La mia casa è così piccola

Che oltre a me,
potrà contenere solo il tuo oro,
il tuo diamante, le tue banane
ed il tuo caffè.
Oltre che al tuo gas
per i miei riscaldamenti.
Ed il tuo petrolio per la mia macchina,
ma non c'è più nemmeno
un buco per te...

(*Disse l'Europa all'Africa*)

Ho sentito

Ho sentito che noi neri
siamo meno dotati intellettualmente
degli europei.
Ma ciò che mi lascia perplesso
è che colui che lo ha detto,
era meno dotato di una gallina.
Eppure, era bianco.
Chiunque di noi abbia fatto la scuola
o semplicemente abbia avuto amici
o una famiglia è conscio
di quanto siamo diversi l'un l'altro.
L'intelligenza non è
appannaggio occidentale,
ma dote umana, qualità unica.
È varia, diversa,
ma complementare tra umani.
Fare una competizione
tra la razza umana
è dimostrazione di infinita stupidità.

Era un incontro fortuito

Quello che accade
tra due sguardi fuori posto.
Era intesa, che nasceva dalle nostre intimità,
ed era commovente.
Mi avvicinai a lei
e ballammo per un po' di tempo,
avvinghiati in un mondo
che ci apparteneva in modo esclusivo.
C'erano gli altri, ma non c'era nessuno.
Poi parlammo.
Al che mi disse andandosene:
" Sei nero ma non sei americano,
non mi interessi."
La guardai e pensai
sorridendo amaramente.
Era la mia prima volta a Piramide.
Roma, anno 2016 o giù di lì.

"Non è pelle, è denaro"

Condannate

Non si tratta di chi avete votato.
Bensì di come vivete.
Non è sfortuna nascere neri.
Lo è la storia di schiavitù
ed il capitalismo
dove non si producono soldi.
Non è un affare di buonismo.
Si tratta di giustizia, nemmeno equità.
Non si tratta di numeri semplici,
Sono anime contate,
spesso, condannate.

L'infinito

Non feci in tempo a dirti tutto.
Per certi, tutto è tanto.
Per me, tutto sei tu.
E tu, sei l'infinito.

(A te Papà)

Avrete vinto quando proveremo odio per voi

Pregate in Dio delle vie infinite,
ma chiudete le strade togliendo vite.
Avrete vinto quando saremo divisi.
Dite che l'uomo è uguale,
ma vi comportate come bestie
nei confronti di altri uomini.
Avrete vinto quando l'indignazione
ci porterà alla rivoluzione.
Poiché l'uomo col fucile,
non teme l'arco e le frecce.
E l'uomo col fucile, siete voi.
Ma voi non vincerete perché noi
non proveremo odio per voi.
Scompiglio sì, ma soprattutto pietà.
Pietà per esseri umani
che non hanno nient'altro
che un colore di pelle
per affermare la propria importanza.
Noi non vi odieremo, tantomeno
accetteremo di essere divisi da voi.
La povertà non è una malattia,
non avremo il complesso
derivato da voi,

non ci interessa il denaro, ma la vita.
E dunque, alla vostra altezza,
ci saremo sempre, perché vivi.
No signori, le armi non le prenderemo.
Le fabbricate voi
e a noi, concedete ben poco.
La dominazione del nostro continente
non nasce dalla stupidità
della mia gente,
ma da decine di missili
puntati su di noi,
da intrighi delle multinazionali
e di paesi cosiddetti sovrani
interessati al nostro sottosuolo.
Noi non prenderemo le armi,
a noi basta il nostro oro.
Quello a cui non abbiamo accesso.
No signori, potete farci passare
per bestie, ma noi vi vediamo
come persone perse in concetti diversi.
È dimostrata la parità di intelligenza
tra i popoli, con particolari abilità
dovute alle condizioni in cui vivono.
Tutto qui. Noi lo sappiamo.
Lo viviamo e non lo cambierete.

No signori, sarebbe come arrabbiarsi
con un bambino capriccioso
che scalpita per una caramella.
L'educazione è la soluzione
e spesso dura un'eternità.

Per essere disillusi, bisogna prima essersi illusi

Mi manca l'illusione.
Essa porta in sé un'infinità di cose,
una miriade di sentimenti,
ma provoca anche una valanga
di emozioni.
Ricordo delle illusioni.
Mi basta guardare
accanto ai fallimenti.
Non mi piace illudermi.
Nemmeno la mattina,
quando sveglio e seduto sul cesso
con un fumetto in mano,
cerco disperatamente di far uscire
ciò che ho ingerito il giorno prima.
O forse no.
Ma quanto sollievo dia la scorreggia,
solo Dio lo sa.
Premesso che io rifiuto
l'illusione divina.
Mi sono chiesto perché illudermi
e non illuminarmi,
ho ripercorso i sentieri di ieri,
raccolto le mie feci dell'altro ieri,

ma anche mangiato i frutti
degli alberi da me piantati.
In quelle strade, molti bivi,
troppe diramazioni.
Ricorderò mia figlia.
Di quando nascerà.
Avreste potuto mettermi
il mondo sulle spalle.
Lo avrei retto.
L'illuminazione che porta all'illusione.
Ma questa è tutta un'altra cosa.
L'amore è una carta incerta,
non un jolly.
Ricordo di quando vissi fuori.
Ero convinto che qualcuno
potesse leggere sotto la pelle, nell'anima.
Ero sicuro che qualcuno
avrebbe sentito,
ho prestato poteri alla gente,
alle persone, ho confidato in altri.
L'illusione rende pii.
È un culto.
Ma a me non piace.
Poiché dovrebbero essere certezze.

Era una stanza infinita piena di gente

Persone di ogni dove,
con vesti differenti,
dai più sfarzosi ai modesti.
Alcuni sorridevano,
molti conversavano,
altri se ne stavano per i fatti loro.
Perlopiù,
avevano un bicchiere in mano.
Pare che certi, addirittura ballavano.
Io c'ero.
Ma ricordo solo la tua mano nella mia,
i miei occhi rivolti ovunque
ma fissi su di te
ed il tremore del bene
che mi pervadeva.
C'era tanta gente.
Ma c'eri tu.
Ed è oltre il resto.

Le parole sono belle

I fatti, reali.
A volte crudeli, spesso speranze,
le parole riflettono il desiderio,
esprimono il volere,
ma sono come nuvole nel cielo
ed il cielo c'è sempre.
La realtà riporta gli occhi sugli altri,
distrae dal cosmo, riporta la paura,
porta al confronto,
ma è ciò che siamo,
è ciò che viviamo.
Bisogna usare le parole con gli occhi,
dirle con i fatti.

Non avrei mai pensato

Non avrei mai pensato
di potermi esprimere in italiano
in questo modo,
dato che è una lingua non mia,
inteso non sono nato qui
ma approdato da adulto.
Ma ancor peggio,
non avrei mai creduto,
che anche facendo sfoggio
delle mie doti linguistiche,
avrei faticato a convincere la gente
della nostra uguaglianza.
Là dove voglio raccontare di noi,
dei nostri avi, della semplicità
della vita nella savana,
di una cultura differente
ma complementare,
mi trovo obbligato
a difendere dei diritti che a me appaiono
più che mai in questo secolo fuori luogo.
La mia penna, volevo dedicarla
ai bambini, scrivere storie
che prendano radici da realtà opposte
a quelle che viviamo, ma ho il dovere invece

e la necessità di riportare
degli abusi di uomini su altri uomini.
Sono in una direzione
che non desidero, imposta dalla realtà
che è dissociata dall'umanità.
Tuttavia, un piccolo racconto
per i bambini è breve, ma conciso:
"Bambini, siate bambini."

Non ho bisogno

Non ho bisogno di rivangare
il passato glorioso
per vivere un presente dignitoso.
Né tantomeno la mia rabbia
sarà alimentata dalla onta,
dalla vergogna, dagli abusi sui miei avi,
i miei genitori, le mie sorelle
ed i miei fratelli.
Il presente, semplicemente
è la mia mappa del futuro.
Un presente con più tinte
che porta foschia nell'avvenire.
Come una mosca presa nella ragnatela.
Una tela tessuta nel passato,
portatrice di resti macabri,
che avvolgono oltre ai terribili lacci.
Vivo nel cimitero dei miei avi.
Nero, signori, non è sottomesso.
Nero, signori, non è di meno.
Nero, signori, si nasce.
È impossibile estrapolare
dal cervello una sua idea
che fa parte di un meccanismo
ben radicato, ma è possibile cambiare,

è un ingranaggio grazie
alla semplice logica.
Da secoli l'uomo bianco
sfrutta l'uomo nero,
non per la sopravvivenza,
ma per il suo benessere.
Da secoli, l'uomo bianco,
nell'incommensurabile saggezza,
definisce chi comanda
chi possiede di più,
vale chi ha di più,
può chi ha di più.
Questa ingiustizia, ritorta
contro altri popoli,
ha avuto la conseguenza
di penetrare il suo stesso popolo
rendendolo iniquo, triste, animale.
L'uomo bianco, generalmente,
si è rassegnato
e non capisce chi non lo fa.
Non comprende chi rischia la vita
nel deserto e nel mare.
Non capisce nemmeno chi lavora
per pochi spiccioli,
come hanno quelli lì.

Io sarò.
Oltre me e coloro che ho lasciato lì insieme
a parte del mio cuore, sarò voi.
Con la stessa altezza,
con gli stessi occhi,
con lo stesso lavoro,
con gli stessi problemi.
Chiamatemi quello
che è sceso dalla nave,
chiamatemi povero,
ma siete anche voi come me, uomini.
La considerazione di me,
dimostra ciò che siete.
Ci sono altre catene
che legano i polsi del mio popolo.
Invisibili, ma solidi
ed è dentro le persone
che non sanno più riconoscere
i loro simili, bensì le loro importanze.
E tali catene, tali bavagli,
stanno nei loro modi,
in quella loro presunzione
di mostrarci come fare,
di metterci sulla via della civiltà.
Raschiate le vostre menti,

c'è una razza di umani in arrivo
ed ha la pelle nera.

Basta con questa storia

Che la felicità si deve meritare.
In questo modo, si dà giustificazione,
ci si arrende
senza neanche capirne i motivi.
Perché poi si dovrebbe meritare la felicità?
In base a cosa e a quali criteri?
Tutto ciò che vive, merita felicità.
La felicità non è tanta, è troppa.
Una serie di piccoli cerchietti
che poi bisogna raggruppare in un cerchio,
pezzi di vite da chiudere
per poi mettere assieme e sperare.
È la strada più completa che ci sia,
per l'essere più incompleto che esista.
Sì, siamo pensanti, ma attardati, impauriti,
in cerca di una definizione, di una sicurezza.
Ovviamente è un viaggio ed in quello,
c'è chi va vicino, chi va lontano.
Chi cerca il riparo dell'amore
per chiudervi ostinatamente.
Chi ambisce alla sicurezza dei soldi
per un tetto eterno.
Chi trova Dio per strada
e si ferma ad adorarlo.

Chi perso in sé stesso
cerca la via per uscirne,
tormentato dalla realtà esterna.
La strada per la felicità, come dicevo,
è lunga, ardua, ostacolata, irta di muri.
Ma tutti questi ostacoli,
da uomini e donne sono stati costruiti.
Quei mattoni legati dalla malta,
da mani sono state poggiati.
Chi ha raggiunto un luogo
dove la pace prevale sull'agitazione,
ci erge barricate, costruisce armi,
dimentica la strada
ancora da percorrere,
preclude a quelli che verranno il resto.
La felicità non dovrebbe meritarsi,
così come la vita
non dovrebbe essere messa in discussione.
Sono privilegi dell'esistenza,
essenze le cui assenze
ci costringono a quasi demenza.

Ogni mente

Poiché ogni mente è costretta,
ogni spirito è piegato,
ogni possibilità vola via
in sogni e chimere.
Adattarsi è un atto obbligato,
ma la società non è obbligata.
Società intesa come insieme di leggi
e regole che variano
a seconda dei paesi e dei continenti.
Sottrarsi è perdere,
accantonarsi è rinunciare,
entrarvi è competere.
Perché?

Il rispetto non è un legame di famiglia

È un diritto ed un dovere
per ogni essere vivente.
Il rispetto non è come l'affetto.
Va guadagnato, conquistato, mantenuto.
Non è l'età ad imporre il rispetto.
Semmai, l'età, quando avanzata,
ispira compassione.
Io non ne provo, è un sentimento
rivolto solo a noi stessi.
In verità, provo la stessa cosa
dinanzi all'umanità.
Ognuno, ai miei occhi, è completo.
Il rispetto parte da sé stessi.
Non riguarda un atteggiamento,
un comportamento,
né il passato, ma l'oggi.
Per avere il saluto, bisogna salutare,
ma pare che la barba bianca,
il danaro, l'importanza sociale,
diano il diritto alla risposta.
Se così fosse anche per me,
aspetterei di avere il saluto

prima di rispondere.
Ma io odio la falsità.
Disprezzo la presunzione,
mi allontano dalla tirannia.
Semplicemente, il rispetto è una parola.
Che riempie l'ego,
probabilmente appaga
anche parte dei nostri sensi
legati al desiderio di potenza,
ma uccide indubbiamente la realtà.
Io non credo in Dio.
E quindi la realtà è il mio paradiso
ed il mio inferno.
In essa, contano i fatti,
non le posizioni.
Per uno come me,
potete anche essere
il presidente della repubblica,
il Papa o un capo mafioso.
Siete come me.
Il rispetto, chiama rispetto.

Ci sono delle impressioni che lambiscono l'aria

Emozioni a cavallo sul vento,
sentimenti annoverati tra le nuvole,
sensazioni che corrono libere oltre gli alberi.
Ci sono dei giorni luminosi,
altri, tanto grigi, ci sono vite nel mentre.
Vite belle o vie delle stelle.
Vite rotte, come viti sfilate.
Ci sono bimbi.
Riflessi di mondi.
Ci sono vecchi.
Testimoni passati.
Ci siamo noi, senza il segno del voi.
Ci sono realtà
che prescindono dalla società.
Esse, misticamente nel tutto.
Magari in quell'impressione
di un domani migliore.
O in quella certezza
di un pasto sicuro, domani.
Ci sono cose che si indovinano,
che non si possono
né toccare né vedere.
Va oltre il mistero dell'amore, dell'umanità,

della giustizia, dell'equità.
In realtà, va oltre semplicemente.
Chi crede che sia solo nella mente.
Chi si illude nell'essere credente.
C'è mistero nell'aria.
E ha tutti i colori,
e parla tutte le lingue.

Mi ricordo di te

Eri nell'angolo dei miei sogni.
Là dove si incontrano luce e buio.
Ricordo te.
Nell'ombra celato, senza ombra.
Gli occhi cavi, le spalle curve.
Eri lì, senza mai esserci.
Paladino nei miei incubi,
ombra nelle mie gioie.
Io ricordo.
E te ne sono grato padre.
A tutti i figli nel mondo.

Siamo soli allo stesso modo

Ma non nello stesso mondo.
Possiamo seguire il vociare,
il rumore della massa,
la cacofonia delle folle.
Recarsi in territori affollati,
calpestati e sterili.
Ricalcare i passi dei nostri antenati
così confermando
la scelta del presente.
O possiamo prendere sentieri solitari
per raggiungere mete immacolate.
Pure e prive di orrore e di dolore,
posti sconosciuti dove le praterie
non sono coperte di case
ed i cuori di corazza.
Possiamo esplorare vie di noi
mai aperte,
andare in fondo a noi
per arrivare oltre noi
grazie alla magica combinazione
tra fiducia ed amore.
In realtà, possiamo evitare di essere
semplicemente operai o impiegati,
neri o bianchi,

malati o sani, grossi o magri
e tornare ad essere umani.

Ho scelto

Ho scelto di sembrare lontano
per non subire da vicino.
L'amicizia, come perizia,
dove dimostrare conta più di giostrare.
Ho scelto di cambiare strada.
Pur di non essere paria.
L'amore, come ardore,
ma esso non può bruciare
verso il basso.
Lontano, per non vedere.
Ito, per non udire, isolato,
per non soffrire.
Ed è doloroso il velo della menzogna, crudele,
ma trasparente.
Ho scelto l'obbligo,
con l'illusione della scelta.

Dell'amore, lo direbbero con più cautela

Amore mio,
mi vergogno di usare lo stesso termine,
mi sembra di sminuire
ciò che è il senso stesso della mia vita,
ma non hanno inventato altre parole
con le quali possa descriverti,
carenti le parole,
per una così grande meraviglia.
Forse sì.
Termini, ne potrei usare,
ma sono tanti.
Meraviglia.
Emozione.
Gioia.
Sensazioni, e ne passo.
Non basterebbero le pagine del Corano
o della Bibbia per esprimerti
il mio Amore.
Ecco perché ho deciso di chiamarlo
in modo diverso.
Cioè, lo chiamo me.
Poiché inspiegabilmente, ho sentito
la mia esistenza attraverso te.
Morto, mi sono accorto di essere vivo,

quando i miei occhi si sono aperti
in un mondo nuovo, in un modo unico.
Il mio spazio, prima carcere, ora cielo,
tutto ciò, nel riflesso dei suoi occhi,
al riparo del suo cuore.
Se solo sapessero il valore dell'amore,
ne farebbero un culto.

(A te Mamma)

Sono una persona riservata

La mia penna, avventata.
Sono un oggetto della società.
L'inchiostro, la chiave della mia cella.
Sono uno timido, con l'animo spavaldo.
Spento da valori, tinto da calori,
che disegnano colori.

Ci crediamo tutti speciali

Incompresi.
Costretti, a volte abbandonati
nel cuore e nell'anima,
ma consci di essere.
Ci vediamo speciali.
Indossando tale termine
come una corazza contro le ingiustizie.
Siamo la mosca bianca,
sulla merda colorata.
Siamo speciali,
solo quando rendiamo gli altri speciali.

L'umano

Tu sei ricco, lui è grasso, lei è infelice,
loro giocano, quelli piangono,
quelli là fanno l'amore
e quegli altri si ammazzano.
Qui ed altrove, chi è, chi non è,
chi non diventerà mai.
I più curiosi sono quelli che credono
di esser qualcuno attraverso qualcosa.
Nazionalisti o religiosi,
l'appartenenza è sinonimo di chiusura
e non di apertura.
Gli hanno insegnato
ad impersonare immagini
e loro in quel riflesso
cercano di definirsi.
Però la vita è bella.
Così dicono, poiché
così gli hanno insegnato.
Io sono umano.
E raggruppo ognuno di voi,
poiché quel termine
è il principio dell'uguaglianza.

La storia non si ripete

Eppure, ce la fecero studiare.
Il futuro, platonica immagine
del passato, della storia.
La poesia salverà il mondo.
Ci fu Leopardi, Baudelaire,
nacque pure Alda Merini.
Era eresia.
La cultura, il culto, sono fulcro
della demenza umana.
Indicano, obbligano, deviano.
Non esiste alcuna via di salvezza
che non sia altrui.
Ora ed insieme.
L'amore
avrebbe ristabilito tutto.
Dicevano che l'amore è così potente
da azzerare l'ingiustizia,
da rendere equi,
da guidare verso la felicità.
Così dicono da millenni.
I maestri di vita sono tanti, forse troppi,
ma ora, la dignità, la logica,
ma anche l'amore per se stessi,
tutto porta in una direzione obbligata.

Laddove tutte le domande
hanno una risposta,
le parole fanno eco nell'anima
ed il giusto prende forma dal nulla.
Il silenzio è l'unico che ci è rimasto.

Oggi sono colpito

Da un'energia particolare.
Una forza che proviene da anime
non perdute ma in discesa,
da cuori pulsanti ma in discesa,
da corpi afflitti ma vivi.
Ci sono delle persone
che lottano per vivere.
C'è del male nei loro corpi,
c'è dolore nei loro cuori.
Vi abbraccio.

Era una corsa contro tutto e tutti

La mattina, indipendentemente,
il tempo sovrastava l'umore,
scherniva il sole,
derideva il profondo desiderio
di dormire che avevo.
Amavo nonna.
L'ho sempre amata.
Ma in quei periodi la odiavo
con tutte le forze dell'infante che ero.
Per un istante,
frazione di quel maledetto tempo,
provavo per lei le stesse sensazioni
che avevo nei confronti
delle streghe cattive, delle storie
che lei stessa mi raccontava
prima di dormire.
E poi, dopo il rito della doccia
o forse dovrei dire
dopo la frustrata dell'acqua sulla pelle
che ti toglie gli ultimi e latenti
rimasugli di sonno,
nonna usava la bacchetta magica
e creava dei toast con burro e cioccolata
da inzuppare nel latte,

ed il suo bacio leggero
e profondo cancellava l'odio passato.
Non amavo la scuola.
Proprio perché l'amavo troppo.
La scuola mi costringeva,
riduceva il tempo di gioco,
mi sentivo Peter Pan,
ma l'isola che non c'è era invasa dagli adulti.
E gli adulti, si sa tra i piccoli,
ma deve rimanere un segreto,
non crescono più.
Sono cresciuti, ma non appagati,
allora cercano di apparire importanti,
facendo leggi che cambiano
ad ogni governo.
Si annoiano, perché il bambino in loro,
lo hanno soffocato.
A scuola, uscivo prima di tutti.
Perché dovevo scappare.
Ero il primo della classe e questo,
per gli ultimi, era una colpa.
E quindi, per evitare di essere picchiato
perché nonna e nonno
mi costringevano allo studio, correvo,

poiché se non avessi studiato,
a picchiarmi sarebbe stato nonno.
Preferivo correre.
Maledetto tempo.
Sapevo che sarei cresciuto,
che sarei diventato forte,
sapevo che molte preoccupazioni
si sarebbero tramutate in altre,
che la mia coscienza sarebbe mutata,
che il mio cervello
avrebbe appreso fino all'esaurimento.
Ma gli adulti poco mi piacevano.
Parlavano di soldi,
di casa, di cosa serve.
Sembravano non predisposti a vivere,
ma piuttosto a risolvere i problemi.
O quando non ce n'erano,
parlavano di carriera,
sembrava che gareggiassero
a chi ha più importanza.
Un bambino è sempre importante.
Non capisce chi è dottore
o chi è muratore fin quando
non glielo fanno capire i genitori
con direttive ben precise

ed atteggiamenti restrittivi
in base all' importanza, o se preferite,
al conto in banca degli adulti presenti.
Il tempo mi fregava.
Mi faceva crescere troppo in fretta.
Non volevo abbandonare le braccia
di mia nonna e un bambino
ci può stare per sempre,
ma un uomo, pare di no.
Poiché fa poco uomo.
Il tempo mi frega.
Diventerò adulto.
Chissà, forse regredirò,
al punto di mettermi di nuovo
a giocare come una volta,
ridendo solo come un bambino sa fare,
correndo al vento senza sosta
e guardando al mondo
come un vasto campo di gioco
e non come una fabbrica.
Il tempo mi frega, ma la memoria no.

Non è facile nascere neri

In un mondo dominato da denari.
Essi, creati da popoli diversi.
No che non è facile.
L'educazione costa.
Oramai, anche l'acqua.
Non più il colore, ma è l'odore
a caratterizzare la povertà.
Laddove non c'è odore di cucinato,
non c'è nulla da mangiare,
ma solo da sopravvivere.
Neri non è facile, pare che la colpa
sia da addossare a loro,
laddove la ricchezza
è da attribuire a loro.
Ricchezza, non per loro.
Non è facile nascere neri, no signori.
Ma non è una colpa.
Non può esserlo,
chi nasce è vivo e basta.
Le fortune bagnano le persone i popoli,
ma le anime sono le medesime
e meritano il medesimo.
Nascere neri è una ragione di vita.
Ci viene offerto di combattere

per farci rivalutare,
ci si chiede di incattivirci
attraverso il capitalismo
rinunciando ai nostri valori di solidarietà,
addirittura, ci si chiede di dimenticare
le nostre lingue per adottarne altre.
È un invito alla battaglia,
quella per la nostra identità culturale,
per la nostra definizione personale.
La storia non è un cumulo
di battaglie vinte,
ma semplicemente un trascorso.
Esso, più volte vergognoso.
Vergognoso, quel termine che vogliono
accantonare a chi nasce nero.
Accanto al mio colore di pelle,
parecchi aggettivi negativi,
del nostro cuore, poche parole,
della nostra povertà,
tanta compassione,
della nostra sorte, un vago augurio.
Non è facile essere neri.
Casa nostra è occupata,
ma ci chiudono i porti.
Le nostre risorse,

le portano via le potenze.
In modo subdolo, crudele, sistematico,
siamo costretti, obbligati.
È finita la schiavitù,
è finito l'apartheid,
ora dovrebbe finire la presa per il culo.

Non temo la rabbia altrui

È come un torrente in piena.
Travolge e rosicchia l'antico letto,
ma porta via solo vecchi alberi,
foglie e fango.
Ho un terrore folle dell'amore,
una paura irrazionale e profonda.
L'amore è come il mare;
non ha fine, non ha fini.
Crea confini in sé,
li distrugge per gli altri.
L'amare è come l'ardere
di un fuoco eterno.
Rabbia e collera sono normalità,
quasi fatalità.
L'amore, in tal creato,
in questo contesto è anormale,
è incredibile, quasi un miracolo.
Capisco la rabbia,
ma non comprendo l'amore.
E fa paura.

Ci sono dei grandi salvatori

Ci sono grandi salvatori della nazione
che parlano di storia e di politica
con gran fervore ed entusiasmo.
Pretendono di conoscere i meccanismi
che portano alla povertà,
spiegano il disagio psicologico
con gran facilità,
inducono i loro familiari
ed amici a votare
basandosi sui propri criteri
di valutazione.
Spesso, esordiscono con:
"Il nostro paese...".
Sono i teologi della vita,
quelli che sanno tutto.
Io non so molto.
Proprio perciò ho assistito,
come volontario,
anziani e piccoli di questo paese.
Sono stato negli ospedali
a chiedere dove potesse servire
il mio aiuto,
fosse solo per una conversazione,
fosse per un attimo

con chi soffre e non ha nessuno.
Persino, sono stato nelle carceri,
pensando a chi ha sbagliato
ed ora paga duramente.
Per strada, mi fermo,
chiunque mi ferma, lo ascolto.
Così come dovrebbe essere.
Mi chiedo se voi teologi
conoscete la realtà di coloro
che soffrono e non hanno audience.
La teoria non corrisponde alla realtà.
Ho la pelle nera,
ma ho più nonni bianchi,
e molti nipoti misti.
No, non sono italiano,
ma ho dato e continuo a dare il cuore
per chi vive attorno a me.
Ciò non fa di me un italiano,
ma un loro figlio, fratello, padre.
Sono parte di un popolo,
vivo insieme a loro,
parlo la stessa lingua,
mangio lo stesso cibo,
respiro l'aria comune.
Alcuni mi chiamano straniero.

Certi, semplicemente nero.
Qualcuno mi riconosce
e mi chiama fratello.
Questo è.

No che non mi scoccio

Non mi stancherò mai di stare
là dove le proprie logiche
danneggiano le esistenze altrui.
Devono sentire, vedere, capire.
Non possiamo permetterci il lusso
di abbandonare i fascisti, i razzisti,
i sessisti nella loro bolla.
Non implodono, esplodono e così,
spazzano via anche il resto.
No signori, non vanno lasciati
a loro stessi,
non si tratta di salvezza,
ma solo di chiarimento.
Questo è il pregio dell'essere umano,
la sua capacità di esprimersi
e così di spiegarsi.
Perciò bisogna essere con chi ha credi
che danneggiano altrui.
I danni del corpo spesso
sono apparenti.
Quelli dell'anima non si vedono,
ma sono profondi ed incolmabili.
Persino il bambino non capisce

il dolore che può recare
fin quando non lo subisce.

Non è giusto

Poi ci pensi e capisci che il cuore
prevale sul colore.
Guardi i morti nel mare,
guardi i morti sul lavoro,
ma guardi anche chi muore
per un incidente,
una malattia, una disgrazia.
E capisci che la morte
prima del tempo è ingiusta.
Qualunque sia il modo
in cui essa sopraggiunge,
quando è arbitraria
duole un milione di volte in più.
Arbitrario è quando qualcuno muore
laddove si poteva evitare.
Come quei bambini nelle miniere.
Come quelle donne indifese uccise.
Come quei lavori
che invece di darti futuro
ti tolgono la vita.
O anche come chi è morto nell'anima
e nel cuore e decide di togliersi la vita.
O chi semplicemente cade
da una scala e muore.

Piangiamo la dipartita dei vecchi,
ma con contegno,
poiché essi hanno vissuto.
Ma dobbiamo preservare la vita,
poiché se la nostra merita,
ogni altra vale quanto la nostra.

Non si sceglie

Non si tratta di far capire agli italiani
il concetto di umanità
rispetto ai migranti,
ma di aiutare gli Italiani
a sentirsi uomini.
Non è curioso che gli individui
si attaccano ad una bandiera
o ad un colore di pelle
quando le loro personalità
sono soggiogate
e la società gli impone esigenze
che per una ragione oun'altra
non riescono a soddisfare.
Noi subiamo la rabbia repressa
di milioni di persone senza identità.
Salvini senza i migranti
sarebbe un perfetto niente.
Ma Salvini, né tantomeno gli altri,
hanno scelto di nascere italiani,
ma negano il diritto ad abitare
a chi cerca salvezza.
È il gregge dei repressi.
Chi ha da fare, chi ha una vita
e si sente uomo, non recrimina

per il colore della pelle
o la condizione economica.
C'è un mondo fuori
e non può essere diviso.
Perché condannate i vostri propri figli
a vivere nella gabbia
che avete costruito per contenere
chi cerca salvezza.
Il razzismo è il reflusso
della mancanza in sé stesso,
è la dichiarazione di incompletezza
che abita nell'essere umano,
è il bisogno di prevalere per forza
su qualcun altro
allorché ci si sente niente.
Siamo uguali.
Non siete meno di noi.
Questo volevamo dirvi.

Io non voglio essere uguale.

Non per autostima,
tantomeno per disprezzo.
Ma ambisco al meglio
e non c'è meglio, senza tutti.
Come tutti prediligo la frutta,
ma preferisco la macedonia.
La mia casa, la vorrei di mattone,
ma le finestre sono di vetro.
Oltre il colore,
mi è diverso pure il cuore.
Chi non ama, vive in una salma.
Io non voglio essere uguale.
I vestiti lo possono essere.
Anche gli orologi.
Le anime no.
Come un puzzle,
quando ci ricomponiamo,
abbiamo un senso.
Da soli, siamo solo parti.

Ho sensazione di altro

Non più di altri.
La stanza si apre, i muri di mattone,
alla fine, sono solo di mattoni.
Ma chi se ne frega?
Anche le carceri hanno una porta.
E le porte hanno le chiavi.
E le chiavi aprono al mondo.
C'è una chiave sul tavolo.
Ed è la chiave.
Lentamente guardo la chiave
e poi il tavolo.
Non basta penso.
Ci vuole di più.
Cosa c'è lì fuori mi chiedo?
La libertà.... ne danno la prova gli altri.
Ma per gente come me,
gli altri sono il carcere.
Sono seduto sulla sedia.
Forse quella la potrei pure aggiungere.
È robusta, di quel legno
che non si vede più.
Sì. Credo possa aiutare.
C'è una finestra che dà sul bosco.
Non ha chiavi.

Semplicemente, non si apre.
È un cinema a cielo aperto.
Nei giorni belli si vedono
anche gli animali dal vivo
che osano di più e scorrazzano
sul prato mal tenuto.
Il movimento è poesia,
e chi ha tempo lo sa.
Guardo di nuovo i muri,
e malgrado me,
il mio sguardo si pone di nuovo
sulle chiavi sopra il tavolo.
Sono fredde le chiavi,
non hanno identità,
dovrebbero piacermi ma non è così.
Perché le chiavi aprono al mondo
e nel mondo ci sono gli altri.
Vorrei andare in bagno.
Ma il bagno è dietro la porta.
Ho paura.
Oltre quella porta potrebbero ferirmi.
Dicono sia debole
perché incapace di fare del male.
Qualcuno dice vigliacco.
Altri, anche scemo.

Tutto questo perché
non so dare un pugno,
non so aggredire, non so picchiare.
Ho paura sì, ma non della frusta,
bensì di altro, degli altri.
Mi fermavo ad annusare
quei fiori testardi
che crescevano nell'asfalto
o tra il cemento.
Amavo la pioggia sulla pelle
per quanto mi ricordasse
la vita che c'è in me.
Sorridevo ed abbracciavo
anche sconosciuti.
A dire il vero, davo a tutti
quel che avrei voluto avere.
Devo andare a fare la pipì.
Quasi non ce la faccio più.
Ma mi tengo il dolore,
testo il mio coraggio su di me,
non su altri.
Mi picchiavano spesso.
Chi ama è preda.
Trattandomi da debole,
mi riempivano di botte.

Come se le botte avessero il potere
di fortificare.
Ho paura di loro,
ho sempre avuto paura di loro.
Gli uomini sono spesso delle belve
che si fingono uomini.
Guardavo i loro occhi
quando mi prendevano a calci.
Godevano nel farmi del male,
non piangevo per il dolore
dei colpi ricevuti, agonizzavo
per tanta cattiveria gratuita.
Per un sì, per un no, mi picchiavano.
Lentamente, mi alzo.
Spingo il tavolo contro la porta
dopo averla chiusa con le chiavi.
Poi, ci aggiungo anche la sedia.
Mi vado a stendere sul letto
stringendo i denti per la pipì
che mi scappa sempre di più.
Io non uscirò da questa stanza.
Lì fuori ci sono loro, gli altri.
Con questo scritto
vorrei semplicemente ricordare
ciò che possono essere

gli effetti del bullismo.
Stiano vicino ai piccoli,
il loro futuro ne dipende.

Ricordo quando decisi di essere me stesso

Fu il giorno più atroce della mia vita.
Le persone credono di sapere
cosa siano le barriere, le frontiere,
le divisioni, i dubbi.
Bisogna frazionare sé stessi,
ergere blocchi di acciaio
tra sé e gli altri,
dividere la propria anima dalle culture,
staccare il proprio cuore dai culti.
Ma soprattutto,
bisogna rinchiudere l'amore.
Quando decisi di essere me stesso,
rinunciai non all'amore,
ma alle sue conseguenze.
Niente più culti di Dio
per compiacere alla mamma,
nessuna regola imposta dal padre,
nessuna cortesia fraterna,
non più doveri da amico.
Nessuno vuol deludere,
perciò siamo passati maestri
nell'arte di illudere.
Illudere gli altri compiendo ciò
che ci aspettiamo che facciano.

Non vogliamo deludere i nostri amici,
la nostra famiglia, perciò ci illudiamo.
Quando decisi di essere me stesso,
ho deluso tanti altri.
Ignari della mia felicità,
lamentavano le mie vesti.
Fuori dal rango,
mi han messo nel fango.
Ma quando decisi di essere me stesso,
senza veli, scoprii
che la nudità dell'anima e del cuore
era delitto morale in questa società,
capii che,
il più grande mistero dell'uomo
non è la sua origine,
bensì il suo presente.

Chi riguarda?

Il fatto non riguarda i migranti
ma è un fenomeno
che marca un cambio epocale
nella storia del popolo italiano.
Destando l'odio si apre al diavolo.
L'odio all'inizio
ha le sembianze della rivendicazione,
nasce dalle proprie incapacità.
Si basa su quel che non si ha
e non si avrà mai: l'importanza,
la dignità, il rispetto.
Ma l'odio non ha fine,
è un circolo vizioso e l'Italia,
lentamente, vi sta entrando.
Prima gli zingari, poi i gay, poi i neri,
poi saranno i poveri, di nuovo i terroni,
poi gli ebeti, poi le donne,
e non avrà fine.
L'odio precipiterà e si ritorcerà.
La plateale e pomposa ricerca
di nemici da combattere
non ha senso quando
si tratta di chi già è abbattuto
dalle vicissitudini della vita.

È crudeltà.
L'impero organizzato
più grande della storia,
ora chiude le sue porte
al popolo più sfruttato della storia.
Eppure, le campagne si svuotano
sempre di più e sono abbandonate.
I giovani sono sempre più rari
ed in partenza.
I vecchi sempre più soli e bisognosi.
L'odio per gli altri non deve essere
lo specchio del proprio fallimento.

Infelici

Correte dietro i soldi
con la convinzione che
vi portino benessere senza accorgervi
che vi allontanate dal genere umano
in quel modo, diventando
primati disciplinati ma infelici.
Ricordate che le case servono a riparare,
non a tener fuori.
Rammentate che la fame
è uguale per tutti e tanti la soffrono.
Ed infine, in questo presente,
siate ricchi, ma poveri.
Siate vanitosi ed umili e nel contempo
forti e deboli, grandi ma piccoli,
poiché il termine "umanità"
è la somma di ciò che siamo tutti noi.

Un mondo uguale?

Abbattere le differenze
ed azzerare le culture
affinché ogni uomo sia il riflesso
di ogni uomo?
No.
Non ci siamo.
Un mondo di rispetto
porta a modi equi.
Tutto qui.
La diversità è ricchezza,
i colori fanno l'arcobaleno
e le voci dovrebbero arrivare ai cuori.
Le armi più forti sono
di chi sfrutta i più deboli
e finiscono nelle loro carni.
Bianco o nero sono distrazioni,
povero e ricco divisi da una frontiera.
Ogni padre che ama
augura ad ogni altro padre
ciò che vorrebbe per il figlio.
Ogni madre che partorisce
non può voler che un'altra donna
perda i figli.
Ma loro non lo sanno.

Perché loro, i loro figli,
non vanno in guerra e quando ci vanno,
sono generali o colonnelli nelle retrovie.
Coloro che costruiscono le case dei poveri
come scatole di sardine
e vivono in meravigliosi palazzi
che affacciano sul mare,
coloro che estraggono il petrolio altrove
e decidono i destini
di quei popoli costretti alla fame,
coloro che possiedono le banche
e le società farmaceutiche
che avvelenano per curare
alle nostre spese,
sono loro i veri nemici.
Dicono che bisogna prendere
i soldi da noi, noi poveri,
poiché siano in tanti.
Ma non hanno dimenticato
che quel numero fa la nostra forza
ed allora ci hanno divisi in fazioni,
affinché lottando tra di noi,
non ci accorgiamo di loro.
Continuo a non rispondere ai fascisti,
sessisti e razzisti perché so

che sono ignare vittime
di un sistema che li vede
anch'essi repressi.
Ma la logica del capitalismo
si perde dinnanzi
alla realtà dell'umanità.
Le banche prestano, noi diamo.
Le religioni impongono, noi siamo.
Le culture dividono, i nostri cuori uniscono
per il loro battito.
Non dobbiamo far ricredere nessuno,
ma semplicemente vivere
come dovremo.

Non è il periodo ad essere brutto

Siamo noi. Proprio noi.
Armani, Gucci e Versace
vestono i nostri corpi,
nascondono le nostre carni
ma mettono a nudo
la nostra crudele solitudine.
No, non è un'epoca dannata.
Siamo noi.
Nascosti e celati
sotto convinzioni e culti.
Al riparo
della parte migliore di noi stessi.

Le vipere

Le vipere, difficilmente,
possono farsi passare per serpi.
Ma le serpi, con più probabilità,
riescono ad assumere
sembianze umane.
Tutti i serpenti però mutano,
cambiano pelle ed alla fine si svelano.
L'ipocrisia è una parete di vetro.

La Salvezza

Mamma disse che la bellezza
avrebbe salvato il mondo.
Papà invece disse che l'ordine
era la soluzione.
Poi il maestro mi disse
che era l'istruzione il segreto.
Mio nonno, mi disse che era la saggezza.
Poi, mi dissero che era Dio la salvezza.
L'ebbrezza del divino, dicevano,
andava oltre la morte
senza bisogno di droghe o vino.
Poi, mi dissero della carriera.
Che doveva essere la pietra miliare,
la fondazione da cui far ergere imperi.
Poi conobbi te e finalmente,
capii cosa fosse la salvezza.

Voglio capire

Io sono uno di quelli
che vorrebbe capire
perché i fascisti, i sessisti,
i razzisti sono sempre arrabbiati.
Pur osservandoli bene,
non li vedo spesso abbracciati,
bensì isolati.
In piccoli contesti
dove la rabbia prevale.
Non sorridono, ridono poco
e quando lo fanno
è per la disgrazia di altri.
Al mio parere, dovremo insegnargli
c'è calore in un corpo,
che prevale sul colore.
C'è gioia in un sorriso
ed i denti sono sempre bianchi.
C'è magia nell'amore
e ciò parte dal cuore.

Vi diranno che potete

Vi diranno che potete.
Che il destino è in mano vostra.
Vi diranno che avete la forza
e che è compito vostro svegliarla.
Che nasciamo uguali
e che acquisiamo capacità.
Vi diranno che i vostri fallimenti
sono le vostre colpe
ma che c'è sempre un domani.
E che quel futuro dipende da voi.
Nei momenti bui,
vi faranno riflettere la luce.
Attraverso i proverbi, gli slogan,
le belle frasi.
Anche quando sarete soli
e con le spalle al muro,
vi diranno che sarà una fortuna
volare prima di schiantarsi.
I maestri di vita sono tanti.
Dalla Bibbia agli psicologi.
Tutti vi diranno che andrà tutto bene.
E vi diranno anche come fare.
In ogni momento vi diranno chi siete.
Come potete e come dovete.

Il fatto è che vi diranno.
Semplicemente.
Ma quando piove, la gente come me,
non vuole che gli si dica che piove,
ma che gli si dia l'ombrello.
Ed in questa esistenza,
non è altro che l'amore.
Vi diranno tante cose,
ma quando vi ameranno,
finalmente lo sentirete.

GLI SCRITTI

Intendiamoci

Fino a 70 anni fa, l'Africa era divisa
tra le potenze occidentali.
Ossia, apparteneva a chi
l'aveva conquistata con le armi
e vi si era stabilito.
Ancor prima però,
gli africani erano stati decimati
e ridotti in schiavitù
sempre dalle potenze occidentali
che hanno usate
le braccia e le vite umane
per la prima rivoluzione
industriale europea
che permise ai bambini di tutta
Europa ad esempio, di poter disporre
dello zucchero e quindi sconfiggere
malattie infantili all'epoca micidiali.
L'Africa è morta dando
la sua linfa vitale all'Europa
o meglio è stata assassinata
non per la sopravvivenza
ma per il proprio benessere.
E quindi abbiamo un continente
che è stato nel corso dei secoli

brutalmente saccheggiato di vite
e denari, ma ancor peggio,
sottoposto ad uno strozzamento
economico in un sistema
a loro sconosciuto.
Non fu mai coniata la moneta
in Africa, non fu mai usata
fino all'avvento degli arabi
e successivamente degli occidentali.
Concessa l'indipendenza,
imposto il sistema monetario internazionale,
ma senza alcuna zecca di stato, gli africani
diventarono semplicemente degli operai nella
fabbrica mondiale, ma i proprietari sono di un
unico colore.
I miei nonni sono nati
che non usavano i soldi.
Sono morti senza aver mai percepito uno
stipendio, ma quando sono morti,
allora li mettemmo nelle bare
e quelle costavano soldi.
I soldi non ci sono,
non ci sono mai stati,
non fanno parte della nostra cultura.

I miei nonni sono morti da un po',
allora si poteva anche coltivare, pioveva.
C'era ancora la possibilità di sopravvivere.
Oggi, addirittura l'acqua costa.
Anche l'abitare costa.
Laddove tutto era gratis,
oggi, tutto costa.
Eppure, le zecche, non ci sono.
Non siamo figli di professionisti,
non siamo nonni con possedimenti,
non abbiamo risparmi,
abbiamo solo loro che ci obbligano
al denaro o alla morte.
Ora si chiudono i porti,
si urlano slogan nazionalisti,
si pretende al proprio benessere
prima degli altri,
si uccide per un dolce in più a tavola.

I negri sono incapaci

Lo hanno detto al parlamento
inglese, belga, francese.
Ai tempi della schiavitù,
per la chiesa i neri
non erano battezzabili,
e dunque potevano essere venduti.
Ai tempi del colonialismo,
si è scelto di togliere,coscientemente,
al nero la sua memoria storica
per farlo scivolare in un limbo
dove continui ad essere schiavo.
Privi di libertà ma senza saperlo.
Poiché non bastava la divisione imposta
dalle nazioni colonizzatrici
con le frontiere abusive
che dividono interi popoli antichi.
Da Negri, passammo a neri.
Poiché Hitler aveva risvegliato
delle coscienze,
aveva smosso il peggio,
aveva fatto capire quanto
fare differenze potesse essere pericoloso,
si è scelto l'inganno.
L'Africa nera martoriata dagli arabi,

si vedeva sottratta e spremuta
dal sangue dei suoi figli
alle viscere del suo suolo.
Intanto,
non eravamo abbastanza maturi
per decidere da soli.
Aspettate, ci dicevano.
Così non funziona,
dovreste fare così, ci suggerivano.
Nel frattempo, ogni nostra ribellione
veniva repressa nel sangue.
Democrazia con i fucili.
Aspettate, ci dicono ancora,
i tempi non sono maturi,
dovete ancora accontentarvi,
 morire di fame e di stenti
per permetterci di comprare vesti
a centinaia di euro.
Aspettate dicono,
sono più importanti le balene ed i cani
di quanto lo siate voi
ma arriverà il momento in cui
anche voi varrete.
L'uomo bianco ha sfruttato
l'uomo nero da sempre, ma il peggio è

che gli ha tolto il diritto a rivalere.
La strage dei neri tra la schiavitù
ed i massacri degli occidentali
è in proporzioni di morte
mille volte peggio della strage compiuta
dai nazisti sugli ebrei.
Agli ebrei, è andato
il riconoscimento economico
ed il sostegno del pianeta.
A noi neri, nessuno mai
ci ha chiesto scusa per la schiavitù.
Oggi, siamo noi neri a dover rivalere.
In modo cosciente,
nel sapere distinguere
il passato dal presente,
nel non riproporre lo scenario di odio
che scaturirebbe casomai
dovessimo cercare
di prevalere o rivalere.
Dobbiamo ricordare il passato
per il presente, per i nostri figli,
per questo pianeta.
Riappropriarci della nostra terra
ed aprirla al mondo,
dobbiamo distruggere

il sistema economico a noi imposto
per tornare al sistema umano,
dobbiamo non più considerare
l'uomo bianco come un nemico,
ma semplicemente come un uomo.
Poiché così facendo, potremo dividere,
e non più farci rubare.
Rimanere a casa nostra, ed accogliere anziché
scappare per vivere.
Aspettate ci diranno ancora.
Ma è troppo tardi,
loro sono partiti già da un bel po'.

La salvezza dell'Europa

Fin quando l'Africa e le sue risorse
saranno la salvezza dell'Europa
in primis e poi degli altri continenti,
non ci sarà alcuna soluzione per essa.
"Aiutiamoli a casa loro"
è una frase banale
e carica di ignoranza.
"Casa loro" non c'è più.
Ci sono ruspe e pale.
Gli alberi spariscono
e la terra si riempie di buchi.
Non c'è più habitat,
pare che la terra costi non più il sudore
del proprio lavoro
per sfruttarla o dormirci, ma denaro.
E denaro non ce n'è,
manco più la pioggia scende regolare,
i campi di grano
sono diventati proprietà dei cinesi,
le città metropoli di disperazione.
C'è vita, ma non c'è futuro.
"Aiutiamoli a casa loro",
ma non mandano fabbriche e trattori,
bensì vestiti e farmaci,

si tengono le ruspe e le pale,
e ci regalano zappe e pozzi.
L'Africa è sveglia, cosciente,
anche se per ora, pressoché impotente.
Non abbiamo soldi, non abbiamo armi,
e siamo invasi da secoli, soggiogati
e decimati, rubati e sfruttati.
Sappiamo e non temiamo.
L'equilibrio dell'Europa
dipende dall'assoggettare l'Africa
in un rapporto completamente sfavorevole
al continente nero.
I bastoni non vincono
la guerra contro i missili.
Ma manco i fiori.
Soffriamo l'ingiustizia,
patiamo l'umiliazione,
ma non provare a deriderci.
Se volete aiutarci a casa nostra,
andate via da casa nostra.
Lasciate lì il nostro oro,
il nostro petrolio, il nostro cobalto
ed il nostro uranio.
Così risparmierete la vita
di migliaia di bambini,

salverete milioni di famiglie
dalla miseria, di vite perse
tentando di raggiungere il continente
dove vanno le ricchezze rubate
dalla propria casa.
Non c'è da mangiare.
Il cibo costa, il lavoro non c'è,
la terra sparisce divorata dal deserto
o dalle compagnie minerarie.
La disperazione si percepisce
nelle città africane,
il sistema colonialistico imposto
ha distrutto gli equilibri già precari
e l'odio nasce da privazioni ed invidie.
Migliaia di ragazzi giovani erano
per le città in cerca di un opportunità,
una chance.
Ma essa è rara nelle città africane
soprattutto per chi
non ha potuto studiare.
Cioè quasi l'ottanta percento
della gioventù africana.
Destinata al niente
solo perché nati neri e poveri.
Il loro salario medio

in un paese come il Mali
a cui potrebbero ambire
non eccede 50 euro al mese
ed il costo di un pollo
si aggira attorno ai 4 euro
e quella di una bottiglia
di acqua minerale 50 centesimi.
Cosa mangiano? Cosa bevono?
Dove vivono?
Vi lascio immaginare.
Le città africane sono destinate
a seguire l'esempio di Rio di Janeiro.
Grattacieli in mezzo,
baraccopoli in tutte le periferie.
Non c'è scelta per sopravvivere.
Chi sta nella baracca,
spera di trasferirsi nella città,
ma diventano sempre di più,
sempre di più.
L'Europa non può pretendere
di togliere ogni possibilità agli africani
e chiudere loro le strade
quasi obbligate della salvezza.
Sarebbe completamente irresponsabile
e crudele e porterebbe ad un genocidio

organizzato con la complicità
delle nazioni unite.
Le guerre sono tutte pilotate
da nazioni straniere
per gli ovvii interessi,
ma le conseguenze
riguardano milioni di persone.
Nessuno vuole abbandonare
la sua terra, nessuno vuole lasciare lontano
il suo mondo,
nessuno vorrebbe partire,
sennonché per tornare.
“Aiutiamoli a casa loro”.
No signori.
Lasciate casa nostra.

Populisti sì ma realisti no

La politica è sempre stata un mistero,
ma non è mai stata così viscida,
sfuggente, evanescente.
È sempre colpa degli altri.
E tutto si può fare
a dispetto degli altri.
Prima era colpa di Berlusconi.
Poi quella del PD e di Renzi.
Poi delle banche.
Poi dei sindacati.
Colpa dei migranti e degli zingari.
Poi della mafia.
Della Merkel e della Francia.
Delle industrie e delle multinazionali.
Ora, è colpa dell'Europa.
Domani, sarà colpa degli alieni.
Italiani, puntiamo il dito su Marte.
È tutta colpa sua.

Io non ho fiducia nel genere umano

Non è Salvini a preoccuparmi,
tantomeno i nuovi neofascisti
che tanto vanno di moda
di questi tempi.
Il fatto è che tutti individuano
un problema e puntano il dito accusando
l'intero sistema di crollare per via di esso.
Tutti sanno la soluzione
senza capire il problema.
Non si tratta di convincere,
siamo già tutti convinti di noi stessi.
Sono davvero sicuro
e certo che non ci si possa fidare.
I fatti, la realtà, mi danno ragione,
quella che non voglio perdere.
Oggi, sono triste di voi.

Mi viene chiesto

Mi viene chiesto cosa penso
della delinquenza
da imputare ai migranti.
Mi viene da pensare
al più grande business
mai esportato insieme alle armi,
privilegio italiano, la mafia.
Che da decenni miete milioni
di vite stroncate dalle droghe.
Mi si chiede cosa penso
degli spacciatori neri ed arabi.
Delle prostitute nere e degli ambulanti.
E penso ad un Italia che vede
quasi ogni giorno
una donna uccisa dal marito.
Penso che i clienti dei pusher
e delle prostitute non siano altro
che rappresentanti e cittadini
del popolo italiano.
Mi si domanda la mia opinione
sul delinquente migrante.
Ed è esattamente la stessa per qualunque
delinquente nel mondo.
La vera domanda

che avrebbero dovuto pormi,
è cosa penso dell'uomo.

La guerra del capitalismo

Una volta in Europa,
scoprimmo di essere coinvolti
in una guerra dove
eravamo noi in prima linea.
Pur senza armi, spesso,
con la fame che ci attanaglia,
superstiti di diverse calamità naturali
o catastrofi umane,
dicono che siamo l'avversario,
ci puntano contro le armi,
e vorrebbero farci camminare
in ranghi.
Dicono che ci sia una guerra in corso.
Una guerra che riguarda i migranti.
Ma sappiate che noi migranti
non siamo in guerra,
semplicemente in cammino.
La guerra per mangiare un boccone,
quelle indotte dalle nazioni intente
a sfruttare i sottosuoli delle nazioni
che siamo costretti ad abbandonare,
la guerra del capitalismo,
quella tra le generazioni ed i sessi,
quelle sono guerre sulle nostre pelli,

ma signori questa vostra guerra no.
Se qualcuno è in guerra con noi,
in realtà è in conflitto con se stesso.
Poiché a noi migranti,
ci è concesso deserto e mare,
non aerei e navi da guerra.
Se nel mondo qualcuno è degno
di portare la bandiera della pace insieme
alla bandiera bianca,
quel qualcuno, sono i migranti.

L'Italia

L'Italia non ha bisogno
dei migranti.
È vero.
Ma l'Italia non ha neanche
bisogno degli italiani.
L'Italia è un paese, parte della terra.
Non gli serve chi ci nasce
o chi ci viene,
ma chi lo cura.

La prostituzione

La prostituzione è il mestiere
più vecchio del mondo.
Così dicono, così pare sia.
La propensione ad usare
il proprio corpo per sopravvivere,
per superare le difficoltà.
Così come barattiamo la forza fisica
col cibo, il concedere il proprio corpo
per lo stesso motivo
potrebbe avere valenza uguale.
Ma non è così.
L'intimità è il nostro ultimo tesoro.
Non è giusto concederlo per obbligo.
E l'obbligo a volte è un semplice pasto.
Ma tuttavia pensavo alla prostituzione,
non a caso.
Poiché oggi tale usanza
nella metà dei casi è obbligata.
Parliamo di donne che sono obbligate
e violentemente abusate
dai loro aguzzini.
Parliamo delle Africane.
Quelle ragazze nere perlopiù
rubate ai loro paesi con mille inganni

e costrette a prostituirsi tutti i giorni
e nelle condizioni più avverse.
Parliamo di vittime
senza la possibilità di reagire.
E poi, ci pensavo a quegli uomini
che vanno lì.
Ai miei fratelli africani che
ogni domenica vanno in cerca
di sesso a pagamento
proprio da una di quelle ragazze
che potrebbe essere una loro sorella.
Non che in questo modo si scarichino
di ogni colpa i bianchi,
ma penso che voi neri
che andate dalle nigeriane,
siete la vergogna del mio continente.
Non ho parole per voi,
non ho la cattiveria necessaria
per augurare lo stesso
alle vostre sorelle o madri,
ma mi auguro che
non vi si alzi mai più.

La metro

La metro ne è uno strumento.
Porta gli schiavi in scatole chiuse
o in cantieri aperti a lavorare.
Delle nostre case ci occupiamo noi,
delle strade, loro.
Poiché gli preme la puntualità
del servo.
Il colmo è che ci arrabbiamo
per il ritardo della metro
o per le buche della strada.
La fedeltà dello schiavo.
Il cliente è re, ma noi esseri umani,
i migliori clienti della società,
siamo trattati come delle belve.
Ma se la belva sta dietro le sbarre,
noi ci illudiamo della libertà.
Quando il padrone approva,
scodinzoliamo e gli riportiamo la palla.
Il padrone dice che chi studia di più,
chi lavorerà di più, varrà di più.
Tolta la dignità,
ci rimane l'ambizione di rivalere.
E possiamo.
Lo ha detto il padrone.

Non siamo nessuno,
ma lo possiamo diventare.
Lo ha detto sempre il padrone.

Indice

Prefazione di **Stefano Galieni**.................5
Postfazione di **Luca Militant A**.............11

Le Poesie

La Proclamata 22
La nostra ombra 24
A causa di....................................25
Vorrei dirvi..................................26
Il dottore.....................................27
Domani.......................................28
Una bella storia 30
Mia Famiglia..............................32
Volevo dirvi 34
Dove vivo...................................36
L'uomo con l'uomo 38
Avete mai visto 39
Ci sono 40
Era una sensazione strana 42
La Società...................................44
Non sono razzista.........................45
Tarda Serata 46

Ho sempre avuto tanti piani in vita mia 48
Le anime tra di loro parlano 49
Non so stare da solo 51
Nel mio pensiero 52
Il fatto 53
Non è un segreto 54
Quel posto 56
Sono concetti 57
La possibilità 59
Tutti abbino sogni 60
L'angolo della strada 61
Epoca Strana 63
Vie diverse 65
Un po' di sesso all'amore 66
Il Sorriso 67
Quando ci si abitua troppo al male 69
Continuerò 70
Hanno la storia 71
Forse troppo spesso 73
L'uomo nero 75
Chi ha detto? 77
Capacità diversa 78
Potrà sembrare crudele 79
La mia verità 81
Mi pare logico 83
A volte 84
Ha deciso 85

L'onestà 87
È indubbio 88
La mia casa è così piccola 89
Ho sentito 90
Era un incontro fortuito 91
Condannate 92
L'infinito 93
Avrete vinto quando proveremo odio per voi 94
Per essere disillusi, bisogna prima essersi illusi. 97
Era una stanza infinita piena di gente 99
Le parole sono belle 100
Non avrei mai pensato 101
Non ho bisogno 103
Basta con questa storia 107
Ogni mente 109
Il rispetto non è un legame di famiglia 110
Ci sono delle impressioni che lambiscono
l'aria 112
Mi ricordo di te 114
Siamo soli allo stesso modo 115
Ho scelto 117
Dell'amore, lo direbbero con più cautela 118
Sono una persona riservata 120
Ci crediamo tutti speciali 121
L'umano 122
La storia non si ripete 123
Oggi sono colpito 125

Era una corsa contro tutto e tutti 126
Non è facile nascere neri.............................130
Non temo la rabbia altrui 133
Ci sono dei grandi salvatori 134
No che non mi scoccio................................137
Non è giusto 139
Non si sceglie 141
Io non voglio essere uguale........................143
Ho sensazione di altro 144
Ricordo quando decisi di essere me stesso .149
Chi riguarda?..151
Infelici 153
Un mondo uguale? 154
Non è il periodo ad essere brutto 157
Le vipere 158
La Salvezza 159
Voglio capire..160
Vi diranno che potete 161

Gli Scritti

Intendiamoci 164
I negri sono incapaci 167
La salvezza dell'Europa.............................171
Populisti sì, ma realisti no 176
Io non ho fiducia nel genere umano............177

Mi viene chiesto 178
La guerra del capitalismo 180
L'Italia..182
La prostituzione...183
La metro...185

Ringraziamenti

Stefano GALIENI per la prefazione,
giornalista e responsabile dell'immigrazione
PRC.
Militant A - *Assalti Frontali* per la
postfazione, cantante rap e scrittore.
Claudio TESTA per la foto di biografia.
Mokodu Fall per la realizzazione dell'opera di
copertina, artista senegalese in Italia.
Roberta Paravanno per la correzione e i
suggerimenti, artista, docente e attivista per i
diritti civili.

*Un abbraccio forte a tutti coloro che soffrono
d'ingiustizia sociale, credono e si battono per
il cambiamento*.

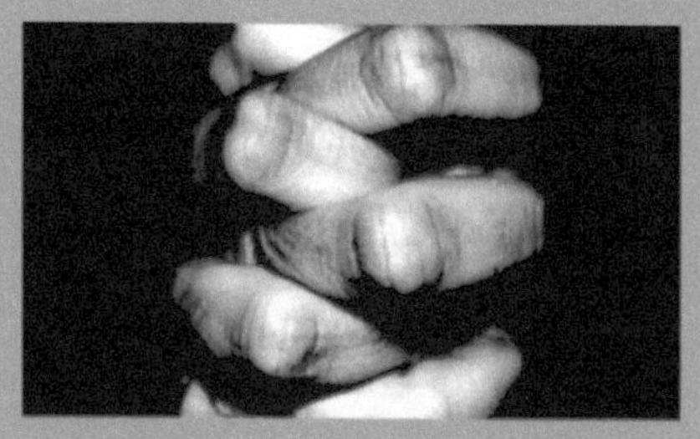

Sogni di un uomo

Raccolta di poesie

Soumaila Diawara

Youcanprint
Finito di stampare nel mese di giugno 2019